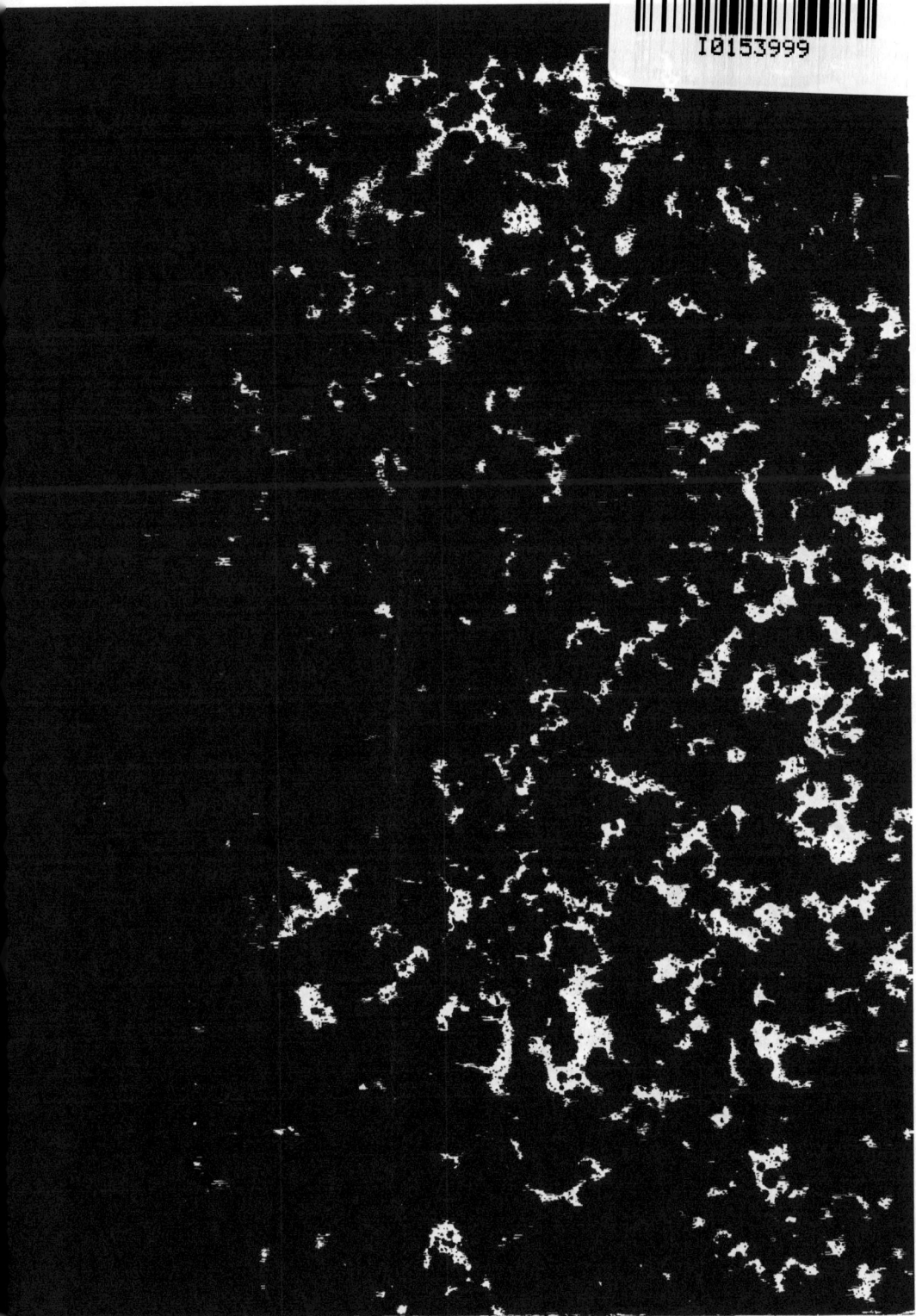

I0153999

3. jol.

17370

ESSAI

SUR

L'ARCHITECTURE OGIVALE

EN BELGIQUE,

MÉMOIRE COURONNÉ PAR L'ACADÉMIE DE BRUXELLES,

EN RÉPONSE A LA QUESTION :

VERS QUEL TEMPS L'ARCHITECTURE OGIVALE, APPELÉE IMPROPREMENT GOTHIQUE, A-T-ELLE FAIT SON APPARITION EN BELGIQUE? QUEL CARACTÈRE SPÉCIAL CETTE ARCHITECTURE Y A-T-ELLE PRIS AUX DIFFÉRENTES ÉPOQUES? QUELS SONT LES ARTISTES LES PLUS CÉLÈBRES QUI L'ONT EMPLOYÉE? LES MONUMENTS LES PLUS REMARQUABLES QU'ILS ONT ÉLEVÉS?

PAR

A.-G.-B. SCHAYES,

CORRESPONDANT DE L'ACADÉMIE ROYALE DE BRUXELLES, ATTACHÉ AUX ARCHIVES DU ROYAUME DE BELGIQUE.

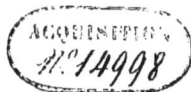

BRUXELLES,

M. HAYEZ, IMPRIMEUR DE L'ACADÉMIE ROYALE.

—

1840.

INTRODUCTION.

> L'étude de toutes les œuvres et de toutes les variations de l'architecture, est à la fois le commencement et le résumé de tous les arts.
>
> (GUIZOT.)

L'histoire de l'architecture ogivale en Belgique est un sujet neuf, ou qui du moins n'a pas encore été traité jusqu'ici d'une manière spéciale. Dans presque tous les ouvrages relatifs à la topographie de la Belgique, tels que la *Description des Pays-Bas*, par Guicciardin, les *Antiquités du Brabant et de la Flandre*, par Gramaye, la *Flandria illustrata* et la *Brabantia sacra* de Sanderus, le *Théâtre sacré et profane du Brabant*, les *Délices du pays de Liége*, les *Délices des Pays-Bas*, etc., etc., nos anciens édifices religieux et civils sont décrits avec beaucoup de négligence et d'inexactitude. Le plus souvent même, les renseignements que fournissent ces livres sur nos monuments les plus remarquables, se bornent à la simple indication de la date de leur construction, et fréquemment ces indications sont vagues, confuses ou erronées [1]. Pour pouvoir répondre à la question proposée par l'académie, il a fallu

---

[1] Ce blâme ne tombe pas sur quelques articles publiés dans des recueils scientifiques, tels que le *Messager des sciences et des arts* et la *Revue de Bruxelles*. Nous en exceptons aussi, quant à la partie historique, l'excellent mémoire de M. Lambin sur la halle et l'église de Notre-Dame à Ypres, couronné par la société des antiquaires de Morinie.

donc non-seulement nous livrer à de vastes recherches littéraires, mais encore voir de nos propres yeux les monuments et visiter les diverses provinces et toutes les localités du royaume où nous soupçonnions l'existence de quelque édifice qui pût offrir de l'intérêt pour notre histoire monumentale; c'est ce que nous avons fait dans un voyage de plusieurs semaines, entrepris dans ce but unique.

Ce mémoire est divisé en trois paragraphes. Dans le premier, nous émettons notre opinion sur l'origine du style ogival et sur l'époque de son introduction en Belgique. Cette opinion est aussi celle du célèbre archéologue allemand Boisserée, mais nous avons cherché à la consolider par des preuves nouvelles.

Dans le second paragraphe, nous indiquons les modifications que l'architecture ogivale a subies en Belgique, depuis le Xe jusqu'au XVIe siècle, en citant à l'appui de nos assertions, de nombreux exemples pris dans le pays.

Dans le troisième paragraphe, qui concerne le dernier point de la question : « Quels sont les noms des artistes les plus célèbres qui ont employé l'architecture ogivale en Belgique, et quels sont les monuments les plus remarquables qu'ils ont élevés, » nous ne nous sommes pas borné à donner une simple nomenclature de ces monuments et de leurs architectes; nous avons, au contraire, regardé ce paragraphe comme la partie la plus intéressante de notre mémoire, et comme devant être le complément et le développement des deux paragraphes précédents. Nous y indiquons la date certaine ou présumée de la construction ou reconstruction de chaque édifice remarquable, nous en donnons la description architectonique ou archéologique, et nous mentionnons les principaux dessins qui en ont été publiés. Nous nous étions proposé d'abord de suivre, dans la description des monuments, l'ordre systématique des styles, mais comme souvent un même

monument appartient à deux ou trois styles différents , ce plan n'aurait pu être exécuté sans rendre la narration confuse et embrouillée ;
nous avons donc dû adopter un ordre purement chronologique , en
nous réservant de faire suivre ce paragraphe d'un tableau dans lequel
chaque monument ou partie de monument sera classé d'après le style
de son architecture et la date de son érection.

En décrivant un édifice, nous donnons le nom de l'architecte qui
en fournit les plans ou qui présida à sa construction, pour autant
que le nom de cet artiste est parvenu jusqu'à nous, car en Belgique ,
comme dans le reste de l'Europe, les architectes connus, antérieurement au XIVᵉ et même au XVᵉ siècle, sont en très-petit nombre ;
« cela vient, comme le pensent avec raison ceux qui ont étudié le
moyen âge, dit M. de Caumont, de ce que, durant cette période
éminemment catholique, il n'y eut point d'individus, pour ainsi
dire, mais seulement des confréries, des monastères, où l'on mettait
en commun non-seulement sa vie, ses biens, ses espérances, mais
encore ses pensées, son âme et son génie [1]. » Parmi nos monuments
les plus remarquables du XVᵉ et du XVIᵉ siècle, il en est plusieurs
qui étaient restés jusqu'ici sans noms d'auteurs, et dont nous faisons
connaître les architectes pour la première fois. En résumé , ce paragraphe, le plus étendu du mémoire, établit l'époque certaine de la
construction ou de la réédification d'un grand nombre de monuments,
qui avait été vaguement ou mal indiquée, et présente une description architectonique entièrement neuve, et faite d'après nos propres
observations, de la plupart des grands édifices de style ogival, élevés
en Belgique pendant le moyen âge, et dont quelques-uns des plus
importants n'avaient encore attiré l'attention d'aucun archéologue ni
d'aucun artiste.

[1] De Caumont , *Cours d'antiquités monumentales*, 4ᵉ partie , p. 279.

Quant à la forme et au style de notre mémoire, nous avons pensé que, dans une question toute scientifique et d'érudition, une narration simple, claire et méthodique convenait mieux qu'une diction trop fleurie, ou cette phraséologie à la mode, dont les littérateurs de la jeune école font tous les jours un si étrange abus, surtout dans le genre descriptif, et qui sacrifie ordinairement la vérité à l'ambition de faire parade d'une imagination brillante et d'un amour factice pour les arts [1].

[1] « Je n'ose plus vraiment, dit M. De Reiffenberg, parler de l'effet produit sur moi par cette grande architecture religieuse du moyen âge...., on a tellement entassé les banalités, les phrases nébuleuses et frénétiques sur le vol des ogives, la sublime obscurité des nefs, les visions radieuses des vitraux peints, que je demeure muet en présence de ces objets, malgré l'émotion qu'ils me causent. » (*Souvenirs d'un pèlerinage en l'honneur de Schiller*, p. 114).

ESSAI

SUR

L'ARCHITECTURE OGIVALE

EN BELGIQUE.

—

§ I.

ÉPOQUE DE L'APPARITION DE L'ARCHITECTURE OGIVALE EN BELGIQUE.

—

Au commencement du XVI⁰ siècle, à l'époque dite de la renaissance des lettres et des arts, l'Europe, presque tout entière, éprise d'un enthousiasme soudain et exclusif pour les œuvres littéraires et artistiques des anciens, renonça à sa littérature nationale, et rejeta comme une conception informe et barbare, cette architecture du moyen âge qui, depuis cinq siècles, avait semé le sol de tous les états chrétiens d'une foule de monuments pompeux, de ces immenses basiliques, de ces tours merveilleuses qui excitent aujourd'hui notre ad-

miration, et qui ne cesseront de mériter celle des générations futures.
L'Italie, où le vieil esprit romain, toujours vivace et toujours hostile
aux races du Nord, donna l'impulsion à ce mouvement réactionnaire,
flétrit la première du nom de gothique (équivalent à celui de barbare)
tous les monuments érigés depuis la destruction de l'empire des Césars,
comme si les peuplades germaniques qui se partagèrent les dépouilles
de cet empire y avaient effacé les dernières traces de l'art des Ictinus
et des Vitruve, tombé en oubli plus d'un siècle avant leurs conquêtes,
et avaient élevé sur les débris des temples et des basiliques romaines,
des églises construites dans le style architectural de leur patrie, elles
qui ignoraient jusqu'aux moindres éléments de toute architecture, et
qui, dans les sombres forêts de la Germanie, n'avaient bâti que des
chaumières aussi informes que le sont les misérables cabanes des sau-
vages de l'Amérique. Néanmoins, tout impropre qu'elle était, cette
dénomination de gothique, donnée indistinctement à tous les édifices
de style lombard, roman ou ogival, érigés depuis le VIe siècle, préva-
lut dans toute l'Europe [1]. Il s'est même trouvé de nos jours des savants
tels que l'anglais Warburton et l'illustre Chateaubriant, qui, frappés
de la ressemblance qui existe entre une avenue d'arbres et une vaste
cathédrale du XIVe ou du XVe siècle, ont cru voir l'origine du style
ogival dans les voûtes naturelles des forêts du Nord, où les druides
accomplissaient leurs rites sacrés [2].

[1] « La dénomination de *gothique*, dit M. de Caumont dans son *Cours d'antiquités monumentales*,
avait été employée pendant longtemps pour qualifier tout genre d'architecture qui s'éloignait des
principes de l'architecture grecque et romaine, comme si les Goths, qui s'emparèrent de l'Italie
au Ve siècle, étaient les auteurs de cette corruption du goût. Aujourd'hui, cette opinion est
détruite quant au fond, mais la dénomination a survécu à l'opinion qui l'avait fait adopter. »
Pour éviter dans ce mémoire la répétition trop fréquente du mot ogival, il nous arrivera parfois
d'employer aussi la dénomination de gothique, en décrivant les monuments d'architecture à
ogives.

[2] Hope, *Histoire de l'architecture*, traduite par M. Baron, tom. I, p. 331.

La comparaison qu'on a établie entre une vaste cathédrale gothique et les avenues d'une forêt
séculaire, n'a quelque justesse qu'appliquée aux églises de style ogival dont les nefs sont soutenues par de grandes colonnes formées d'une multitude de colonnettes et de nervures réunies
en faisceau et qui, au lieu d'être couronnées de chapiteaux, se bifurquent à leur extrémité
supérieure, pour se confondre avec les nervures de la voûte et des arcades. Or, comme

Vers la fin du XVIᵉ siècle ou dans les premières années du siècle suivant, on commença à désigner l'architecture ogivale par un nouveau nom, sinon plus exact, au moins plus rationnel que la dénomination de gothique, celui d'*architecture mauresque, arabe* ou *sarrasine*. En effet, l'arc aigu forme le caractère essentiel de l'architecture arabe actuelle, comme celui du style ogival. De ce fait, beaucoup de savants ont conclu que ce dernier est originaire de l'Orient. Cette opinion a été accueillie et soutenue par de chauds et habiles défenseurs. Les uns attribuent aux Arabes la première découverte de l'ogive ; suivant les autres, l'arc en tiers-point aurait été employé d'abord par les Persans, sous la dynastie des Sassanides, et de ce peuple il aurait passé aux Grecs du Bas-Empire et de là aux Arabes [1]. D'autres encore remontent jusqu'aux Romains, aux anciens Grecs, voire même aux Égyptiens et aux Indous [2].

Ceux qui attribuent l'invention de l'architecture ogivale aux peuples de l'Orient diffèrent encore d'opinion sur l'époque de son introduction dans le centre et le nord de l'Europe. Les uns la fixent au temps de la domination des Maures en Espagne ; les autres la font dater des guerres des croisades. Quelques-uns, parmi ces derniers, prétendent même que l'église du Sᵗ-Sépulcre à Jérusalem, servit de type aux premières églises élevées en Europe dans le style ogival.

Ces différentes hypothèses, quelque spécieux que puissent être les arguments dont leurs auteurs ont cherché à les étayer, ne nous semblent pas plus fondées les unes que les autres. Que l'on ait trouvé des traces de l'ogive dans des constructions très-anciennes, dans quelques monuments égyptiens, indous, pélasgiques, grecs et romains [3], c'est

l'emploi de colonnes de cette espèce n'a été introduit dans les églises que depuis le XIIᵉ siècle, on voit combien peu est rationnelle l'opinion de ceux qui reculent jusqu'aux Gaulois et aux Germains pour découvrir l'origine de l'architecture ogivale.

[1] Hope, *Histoire de l'architecture*, tom. 1, p. 118, 130.

[2] M. Hope pense que l'ogive à côtés évasés a paru pour la première fois chez les Mongols. (*Hist. de l'archit.*, tom. I, p. 135). Nous ne partageons nullement cet avis, pour des raisons qu'il serait trop long de développer dans ce mémoire.

[3] Hope, tom. 1, p. 343. De Caumont, *Cours d'antiq. monum.*, 4ᵉ partie, p. 201. *Messager des sciences historiques de la Belgique*, année 1839, 3ᵉ livraison.

ce que nous sommes loin de contester; mais ces rares exemples de l'emploi de l'ogive ne constituent pas encore un système, et ne peuvent être considérés que comme des erreurs ou de simples accidents produits souvent par la nécessité [1]. Rien ne prouve que les Arabes de l'Espagne se soient servi de l'arc en tiers-point avant les autres peuples européens ; la cathédrale de Cordoue et tous les grands monuments élevés par eux avant le XIIᵉ siècle, étaient, suivant M. de La Borde et l'archéologue anglais Milner, construits en style byzantin ou à plein-cintre [2]. Ensuite, si les Arabes de l'Espagne avaient été les auteurs de l'architecture ogivale, ne serait-ce pas dans les contrées méridionales de l'Europe que ce style architectural aurait dû fleurir le premier, et qu'on devrait trouver les édifices les plus anciens et les plus nombreux, appartenant à ce mode de construction, tandis que l'on observe tout le contraire ?

Ce n'est pas non plus de l'époque des croisades que l'architecture à ogives a commencé à être connue et employée en Europe, puisque l'Allemagne, la Belgique et la France possèdent un assez grand nombre d'églises à voûtes et à fenêtres en tiers-point, construites longtemps avant les premières expéditions des croisés en 1093, et que très-peu d'années après, l'architecture ogivale y avait déjà atteint un haut degré de perfection, et produit des chefs-d'œuvre. De plus, suivant Milner et le comte de La Borde, il n'existerait dans toute la Palestine et la Syrie aucun monument à ogives qui soit antérieur au XIIIᵉ ou au XIVᵉ siècle, deux siècles au moins après l'introduction du système ogival en Europe [3]. Ceux qui ont avancé que l'église du Sᵗ-Sépulcre

---

[1] On pourrait demander encore si c'est bien la véritable ogive, l'arc en tiers-point, qu'on a observée dans les monuments des peuples de l'antiquité. Les dessins de quelques constructions appelées pélasgiques ou cyclopéennes qui ont été citées comme offrant ce type, ne nous font voir que de grosses pierres posées de biais les unes contre les autres, de manière à former un angle plus ou moins aigu, figure géométrique qui ne constitue nullement la vraie ogive. Ce genre de constructions se remarque entre autres dans une galerie faisant partie des ruines cyclopéennes de l'antique ville de Tyrinthe, en Morée; il faut en chercher la cause, suivant nous, dans le peu d'habileté des Égyptiens et des Grecs primitifs à construire des voûtes et des arcs à plein-cintre.

[2] Hope, tom. I, p. 338.

[3] « Dans la Terre-Sainte, dit Milner, on n'a trouvé aucune église à ogives, si ce n'est celle

avait servi de modèle aux premières églises ogivales, n'ont sans doute vu que des dessins très-inexacts de cette église; car à l'exception des parties de ce monument reconstruites depuis la conquête de la Terre-Sainte par les croisées, l'église du St-Sépulcre était, avant l'incendie de 1808, construite tout entière dans le style byzantin [1].

D'ailleurs, en accordant même que l'ogive soit originaire de l'Orient, il ne résulterait pas de ce fait seul que l'architecture ogivale, dite improprement gothique, soit dérivée de celle des Arabes et des Persans; car outre que l'arc mauresque n'est nullement l'arc en tiers-point de l'architecture ogivale primaire, le système architectural des Orientaux diffère presque totalement de celui qui a fleuri en Europe depuis le XIe jusqu'au XVIe siècle : « On chercherait en vain dans les monuments de l'Orient cette tendance prédominante des proportions et des formes vers le haut, ce système de voûtes et de pyramides dérivé du triangle équilatéral, et cette riche décoration végétale, qui sont les caractères distinctifs de l'architecture à arc pointu. Les colonnes de l'architecture arabe sont autrement composées et proportionnées, et n'ont jamais l'élévation des colonnes de nos cathédrales; les chapitaux sont dans le genre byzantin, ou ils sont, comme tout le reste de l'édifice, décorés d'arabesques qui imitent les ornements et les broderies d'étoffes, entremêlées d'inscriptions [2]. »

Au reste, tout en refusant à l'Orient la priorité du style ogival, nous ne nions pas l'influence que l'architecture arabe a pu exercer sur les progrès de l'architecture ogivale, malgré la différence essentielle qui existe entre ces deux styles [3].

Depuis que, renonçant à d'injustes préjugés, on a commencé à faire une étude spéciale de l'architecture ogivale, et à apprécier comme elles le méritent les belles productions de cet art, différents pays de l'Europe

de St-Jean-d'Acre, et encore a-t-elle été bâtie par des chrétiens. » (Milner, *Treatise on the ecclesiast. architect. of England*, de Caumont, 4e partie, p. 201).

[1] Voir les beaux plans de cette église dans l'ouvrage de Dapper, intitulé *Syrien en Palestyn*.

[2] Sulpice Boisserée, *Mémoire sur l'architecture du moyen âge.— Messager des sciences et des arts*, 1re série, tom. III, p. 314.

[3] Voir Hope, tom. I, p. 385.

ont revendiqué à leur tour l'honneur de sa découverte. L'Italie n'a aucun droit à ce titre, puisque, de toutes les contrées de l'Europe , c'est
celle où les constructions purement ogivales sont les moins nombreuses, et celle où l'architecture à ogives a eu la vogue la moins longue ;
on pourrait dire en quelque sorte que son existence n'y fut que pré-
caire[1]. Les plus beaux monuments de style ogival sans mélange du plein-
cintre que l'on admire en Italie, ont même été élevés la plupart sur les
plans d'architectes étrangers. Les prétentions de l'Angleterre et du midi
de la France n'ont pas une plus grande valeur. Encore moins doit-on
chercher les premiers vestiges du système ogival dans les parties sep-
tentrionales de l'Europe, en Russie, en Pologne, en Suède et en Danemarck, pays encore barbares en grande partie au XIe et au XIIe siècle,
et où l'on ne savait construire alors que de fragiles maisons en bois.
La Russie reçut les premiers éléments des arts de Constantinople, ville
où fleurit jusqu'à la destruction de l'empire d'Orient, l'architecture
byzantine, née de celle des anciens Grecs et Romains[2], et qui contribua si puissamment à la réaction qui, au XVe siècle, se manifesta
en Italie en faveur de l'antiquité classique.

De toutes les opinions émises jusqu'ici sur l'époque de l'introduction de l'architecture ogivale, les mieux fondées semblent, à notre
avis, celle de M. Wiebeking, architecte bavarois, qui en cherche l'origine vers la fin du Xe siècle, dans les plaines de la Westphalie baignées
par l'Elbe et le Weser[3], et, davantage encore celle de M. Boisserée
de Stugardt, qui attribue l'invention de l'architecture à ogives au
nord de la France, à l'ouest de l'Allemagne et aux *Pays-Bas*[4]. En
effet, l'architecture fut cultivée avec le plus grand succès dès le IXe et

---

[1] Hope, tom. 1, p. 411. Wiebeking, *Geschichte der burgerl. Baukunde.*

[2] M. Hope avance à tort, nous semble-t-il, que l'arc-ogive devint à Constantinople, dès le
VIe siècle, le rival de l'arc plein-cintre. Il cite à l'appui de cette assertion l'aqueduc de Bourgas,
bâti par l'empereur Justinien II ; mais il oublie que cet aqueduc fut refait à différentes reprises,
non-seulement sous les empereurs grecs, mais encore depuis la conquête de Constantinople par
les Turcs.

[3] Wiebeking, *Geschichte der burgerl. Baukunde*, et son *Mémoire sur l'état de l'architecture au
moyen âge. — Messager des sciences et des arts*, 1re série, tome III , p. 19.

[4] Voir son mémoire précité. M. Hope, tout en attribuant la découverte et le premier em-

le Xe siècle dans les monastères et les chapitres voisins du Rhin; c'est sur les bords de ce fleuve que se formèrent les premières et principales corporations ou loges de francs-maçons, qui rendirent des services si éminents à l'architecture ogivale; c'est sur les rives du Rhin et sur les plans fournis par les loges que s'élevèrent la cathédrale de Cologne et la tour de Strasbourg, les deux productions les plus admirables de cette architecture; c'est dans les contrées désignées par M. Boisserée, que le style ogival s'est maintenu le plus longtemps et avec le plus d'éclat; enfin la forme même élevée et rétrécie des édifices en ogive, leurs toits et leurs pignons à angles aigus, n'indiquent-ils pas qu'ils étaient destinés à un climat exposé à des neiges abondantes, et que tout y était combiné de manière à parer à l'inconvénient de leur long séjour [1].

La Belgique, située à proximité du Rhin, et au centre des contrées ou M. Boisserée fixe la découverte du style ogival, doit avoir eu sa large part à l'introduction de ce système architectural. En effet, si, au témoignage des plus savants archéologues allemands, on ne trouve pas dans les plus anciens édifices de l'Allemagne, des traces du style ogival avant le Xe siècle, la Belgique qui possède encore de nos jours quelques églises qui datent indubitablement de ce siècle, et dans lesquelles on observe déjà l'ogive fortement caractérisée, a des droits aussi fondés que l'Allemagne à l'invention importante que M. Boisserée attribue à l'un et à l'autre de ces pays. Et non-seulement le style ogival règne déjà à côté du style roman dans plusieurs de nos monuments religieux du Xe siècle, tels que l'église de Sainte-Croix à Liége, celle de Saint-Vincent à Soignies, la cathédrale de Tournay et plusieurs autres églises de cette ville, mais l'architecture à ogives atteignit en Belgique le plus haut degré de perfection, dès la fin du XIe siècle ou les premières années du XIIe siècle dans l'admirable chœur de l'église

---

ploi de l'ogive aux Persans, aux Grecs et aux Lombards, reconnaît que l'invention du style ogival, considéré comme système complet et lié dans toutes ses parties, appartient aux Allemands (tom. I, p. 377).

[1] Hope, tom. I, p. 377.

cathédrale de Tournay, preuve évidente que le style ogival devait déjà avoir fleuri dans cette contrée depuis un grand nombre d'années.

Ainsi donc, pour résoudre la question posée par l'Académie : *Vers quel temps l'architecture ogivale, appelée improprement gothique a-t-elle fait son apparition en Belgique*, nous répondrons que, d'après des données historiques qui paraissent d'une authenticité irrécusable, l'emploi de l'ogive, mais alliée au plein-centre, y eut lieu dès la seconde moitié du Xe siècle, et que l'architecture ogivale pure et sans mélange y fleurit, et déploya toutes ses beautés dès la fin du XIe ou le commencement du XIIe siècle.

§ II.

CARACTÈRE SPÉCIAL ET MODIFICATIONS DE L'ARCHITECTURE OGIVALE EN BELGIQUE, DEPUIS LE Xe JUSQU'AU XVIe SIÈCLE.

—

L'architecture à ogives, dont nous observons les premiers essais dans plusieurs de nos monuments du Xe siècle, et qui, comme nous venons de le dire, acquit en Belgique toute sa perfection dès le commencement du XIIe siècle, continua à y règner sans interruption jusque dans la dernière moitié du XVIe siècle. Ainsi la Belgique n'est pas seulement une des contrées où le style ogival a commencé à fleurir le plus tôt, mais en même temps une de celles où il a disparu le plus tard, devant l'architecture gréco-romaine en usage de nos jours.

Pendant les cinq siècles qu'il domina dans ce royaume, le style ogival y subit de grandes modifications, modifications qui, du reste, furent les mêmes, quant au caractère général, que celles qu'il éprouva en France, en Allemagne et en Angleterre, et qui ne diffèrent de ces dernières que dans les détails d'ornementation.

Depuis les progrès récents des études archéologiques du moyen âge, les antiquaires ont reconnu à l'architecture ogivale trois grandes époques ou styles différents, que le système de classification adopté presqu'universellement, désigne sous les dénominations de *style ogival primaire ou à lancettes, style ogival secondaire ou rayonnant* et *style ogival tertiaire ou flamboyant* [1]. A ces trois styles, on peut en ajouter un quatrième, et le plus ancien de tous, celui dans lequel l'ogive n'est pas complétement dégagée du plein-cintre, et que, pour cette raison, on a appelé *style de transition.*

Le style de transition a fleuri en Belgique depuis la seconde moitié du Xe jusqu'à la seconde moitié du XIIIe siècle; celui de l'ogive primaire depuis le XIe jusqu'à la fin du XIIIe siècle; celui de l'ogive secondaire du XIVe à la seconde moitié du XVe siècle, et le style ogival tertiaire de la seconde moitié du XVe à la seconde moitié du XVIe siècle.

Ces différents styles ne se sont pas exclus soudainement les uns les autres dès leur naissance; le style de transition a subsisté presqu'aussi longtemps que celui du gothique primaire [2]; dans un grand nombre d'édifices l'ogive à lancettes alterne avec l'ogive rayonnante, et dans des monuments de style ogival secondaire on trouve déjà des détails d'ornementation appartenant au style ogival tertiaire. Ce dernier, plus irrégulier, offre des réminiscences plus fréquentes encore des différents styles employés précédemment.

Le *Cours d'Antiquités monumentales* de M. de Caumont est, à notre connaissance, le traité le plus complet qui ait été publié jusqu'ici sur l'histoire de l'architecture du moyen âge; nous avons pris cet excellent ouvrage pour guide dans la description des modifications qui ca-

---

[1] M. De Reiffenberg donne aux trois époques ou styles de l'architecture ogivale, les dénominations de *gothique ancien, gothique moderne* et *gothique corrompu.* Ces dénominations sont bonnes et très-rationnelles, surtout la dernière, qui est peut-être meilleure que celle de style ogival tertiaire. Nous n'avons préféré la classification que nous avons adoptée, que parce qu'elle est plus connue et d'un usage plus universel. (Voir De Reiffenberg, *Essai sur la statistique ancienne de la Belgique,* 2e partie, p. 148).

[2] Quelques-unes de nos églises, surtout dans les campagnes, quoique datant du XIIe et du XIIIe siècle, sont de style roman pur. C'est dans la construction des tours de cette époque qu'on observe le plus fréquemment ce mode architectural : par exemple, à la tour de l'église ci-devant collégiale de St-Jacques, à Louvain, à celle de l'église de St-Germain, à Tirlemont, et à celle de l'église de St-Sauveur à Bruges.

ractérisent chaque époque de l'architecture ogivale en Belgique ; mais comme ce livre a été fait principalement pour l'ouest et le centre de la France, nous ne suivrons son auteur que pour autant que ses observations peuvent s'appliquer à la Belgique, et coïncident avec nos propres études sur les monuments du royaume. Nous nous permettrons aussi de ne pas admettre entièrement son système de classification des différents styles d'architecture ogivale. Tandis que M. de Caumont rapporte à l'architecture romane le style de transition, nous décrirons ce style en même temps que celui de l'ogive à lancettes, parce qu'en réalité le style de transition, surtout au XIIe et au XIIIe siècle, n'est autre que l'ogive primaire ou lancéolée, mais alternant encore avec le plein-cintre. Il nous a semblé aussi que M. de Caumont ne trace pas toujours assez nettement les limites qui séparent le style ogival secondaire, du style ogival tertiaire, et qu'au lieu de faire commencer ce dernier dès l'année 1400, et de le diviser en deux époques, M. de Caumont eût agi plus rationnellement en appliquant au style ogival rayonnant les caractères principaux qu'il attribue à la première époque du style flamboyant ; car en adoptant le système de classement qu'il a établi à cet égard, il devient souvent impossible de distinguer si un monument appartient à l'architecture ogivale secondaire ou à l'architecture ogivale tertiaire [1].

Les grandes constructions élevées en Belgique pendant le moyen âge sont de trois espèces : 1° les monuments religieux, qui comprennent

[1] Dans son *Cours d'antiquités monumentales* (4e partie, publiée en 1831), M. de Caumont divise l'architecture ogivale en quatre époques, le style ogival primaire, secondaire, tertiaire et quartaire ; mais dans le résumé de cet ouvrage (*Histoire sommaire de l'architecture au moyen âge*), imprimé en 1837, il revient au système qu'il avait adopté dès l'année 1823, dans son *Essai sur l'histoire religieuse au moyen âge*, et réduit ces époques à trois : le style ogival primitif (XIIIe siècle), le style ogival secondaire (XIVe siècle), et le style ogival tertiaire (XVe et XVIe siècles). Il subdivise ce dernier en style ogival de la première époque, s'étendant de 1400 à 1480, et en style ogival de la seconde époque, de 1480 à environ 1550. « D'ailleurs, dit ce savant écrivain, en archéologie comme en bien d'autres sciences, les meilleures méthodes de classification reposent nécessairement sur des abstractions diversement graduées. Il n'est pas aisé de circonscrire absolument les limites temporaires dans lesquelles on doit renfermer le règne de tel ou tel style d'architecture : ces limites peuvent varier jusqu'à un certain point,

les églises, les chapelles, les monastères et les cloîtres chapitraux; 2° les édifices civils, tels que les hôtels de ville, les halles, les beffrois, les palais et les grandes habitations urbaines; 3° les monuments militaires ou les places fortes et les châteaux. « Les monuments militaires, dit M. de Caumont, n'offrent guère que des masses de maçonnerie souvent sans ornements et sans sculpture qui puissent, comme dans l'architecture religieuse, montrer le goût dominant à l'époque où ils furent élevés. Les anciens châteaux n'ont pas été respectés comme les églises. Ils ont été soumis à beaucoup plus de changements et de vicissitudes; souvent ils sont l'ouvrage de plusieurs générations et présentent un mélange de constructions dont il serait impossible de débrouiller les dates. La plupart ont été rasés ou démantelés; les autres sont complétement dénaturés par des distributions nouvelles à l'intérieur, par des ouvertures, des additions et des mutilations à l'extérieur [1]. » Ce que M. de Caumont dit des châteaux de la France, s'applique également aux anciens châteaux féodaux de la Belgique, masses irrégulières et sans style, et dont les distributions intérieures ont été complétement renouvelées depuis le XVIᶜ siècle. Ces édifices sont donc aujourd'hui de nulle ou d'une très-faible importance pour l'étude de l'architecture ogivale. Les autres constructions militaires, telles que les portes de ville, qui ont toujours la forme d'une tour ou de deux tours réunies par une courtine, n'offrent pas plus d'intérêt sous ce rapport.

Quoique l'architecture ogivale ait déployé le plus grand luxe dans quelques-uns de nos hôtels de ville, de nos halles et de nos anciennes habitations urbaines, les édifices civils ne peuvent pas être pris pour

---

suivant les localités. » Et plus loin, en spécifiant les caractères du style ogival de la troisième époque, « Vous me permettrez, dit M. de Caumont, de vous rappeler, à cette occasion, que rien n'est absolu dans nos divisions. Elles sont basées sur la progression des changements que l'on remarque en comparant un très-grand nombre d'édifices; mais on ne doit point oublier que ces modifications se sont faites graduellement; que l'art n'a point eu dans sa marche de repos marqués, et que les innovations n'ont pas été partout introduites dans le même temps.» (*Cours d'histoire monumentale*, 4ᵉ partie, p. 47 et 290.)

[1] *Cours d'histoire monumentale*, 5ᵉ partie, p. 6 et 7.

type de cette architecture à ses différentes époques, parce qu'à peine existe-t-il encore de nos jours cinq ou six de ces édifices construits dans le style ogival primaire (y compris celui de transition), et que, bien que les monuments profanes qui appartiennent aux deux autres styles soient en plus grand nombre, les révolutions de l'architecture ogivale ne se font guère remarquer que dans leur ornementation et non dans les dispositions de leur plan, qui présente toujours un carré plus ou moins régulier, suivant les accidents du terrain [1].

C'est dans nos nombreuses églises du moyen âge que l'on trouve, au contraire, des modèles parfaits de chaque âge de l'architecture à ogives, et que l'on observe, tant dans les dispositions générales que dans les moindres détails d'ornementation, tous les changements qui ont modifié successivement ce mode architectural. Et non-seulement le plan de ces monuments est tracé d'après un principe fixe et d'une application universelle, mais leur ornementation est beaucoup plus riche et plus variée que celle des monuments d'une destination profane, car ce n'est qu'aux églises qu'on admire ces porches profonds décorés d'une profusion de sculptures, ces roses d'un effet si magique, ces élégantes galeries qui règnent autour de la grande nef, des transepts et du chœur, et ces arcs-boutants, construits avec tant de hardiesse. Les monuments religieux nous semblent donc devoir être considérés comme offrant seuls le véritable type de l'architecture ogivale depuis son apparition jusqu'à sa décadence.

Dans la description du caractère et des modifications du style ogival en Belgique, on n'exigera pas sans doute que nous indiquions la

---

[1] Nos anciens hôtels de ville, et en partie nos anciennes halles, sont construits sur le plan des grandes habitations urbaines des nobles, connues sous le nom de *steen*, parce qu'elles étaient bâties en pierres, tandis que les maisons des simples bourgeois ne l'étaient généralement qu'en bois. La forme ordinaire de ces hôtels était un carré long, percé de deux ou trois étages de fenêtres carrées ou ogivales, flanqué aux angles de tourelles, et couronné de créneaux, derrière lesquels s'élevait un toit, couvert en ardoises et orné de lucarnes. On voit encore à Gand plusieurs de ces hôtels du XIVe et du XVe siècle; le plus remarquable est celui connu sous le nom de Château ou *steen* de Gérard-le-Diable; il date de la fin du XIIIe siècle. (Steyaert, *Beschryv. der stad Gend*, p. 112.)

date précise de chaque innovation et de l'introduction de chaque
détail d'ornementation. Un pareil travail ne deviendrait possible que
si nous pouvions connaître et étudier toutes les constructions ogivales
quelconques qui ont été élevées dans le pays depuis l'invention ou
l'emploi de l'ogive ; encore devrions-nous posséder des données certaines sur l'époque de leur érection et des travaux de restauration et
de réfection qui y ont été exécutés. Nous devons donc nous borner à
esquisser les traits qui caractérisent chez nous chacune des trois époques du style ogival. La description architectonique et le tableau
systématique des principaux monuments religieux et civils de l'architecture dite improprement gothique, qui existent en Belgique, ou
qui y ont existé (pour autant qu'ils nous sont connus), serviront de
preuves et de complément à cette analyse.

Style de transition et style ogival primaire, ou à lancettes.

(Du Xᵉ siècle à la moitié du XIIIᵉ siècle).

Ce qui caractérise principalement l'architecture ogivale de la première époque, c'est la forme rétrécie et allongée des fenêtres, des
portes et des arcades, tant dans les édifices de la transition que dans
ceux où l'ogive règne exclusivement; de cette forme, qui fait ressem-
bler en quelque sorte ces ouvertures à un fer de lance, les architectes
anglais ont donné au gothique primaire la dénomination d'*ogive à
lancettes.* Dans les églises de la transition, le sommet de l'ogive en lancette est souvent légèrement arrondi, alors elle constitue ce qu'on est
convenu d'appeler un *arc en fer à cheval.*

Les fenêtres sont tantôt isolées (églises de Sᵗ-Jean à Tournai et de
l'abbaye de Villers) et tantôt réunies deux à deux (église de Pamele à
Audenarde, chœur de Sᵗ-Martin à Ypres, église de Sᵗ-Jean à Tournai, etc., etc.). Nous nommons ces dernières, d'après M. de Caumont,
des *lancettes géminées.* Les façades des églises sont fréquemment ornées
de trois fenêtres ou arcades accouplées, dont celle du milieu est plus

élevée que les deux lancettes latérales (églises de St-Jean et de St-Quentin à Tournai). On rencontre aussi les triples lancettes au chevet des chœurs (église du Béguinage de Louvain), ou sur les côtés de ces derniers et le long des nefs où elles sont ordinairement encadrées dans un arc plein-cintre (église de Pamele, Notre-Dame à Dinant, et chœur de St-Martin à Ypres); quelquefois, mais rarement, on trouve jusqu'à quatre lancettes accouplées. Parmi les fenêtres lancéolées, les unes sont simples et sans aucun ornement; d'autres, dont les archivoltes retombent sur des colonnettes cylindriques, sont trilobées (composées de trois lobes), ou à voussures ornées de tores, séparés par de profondes cannelures (église de Pamele, St-Quentin et plusieurs autres églises de Tournai, chœurs de Ste-Gudule et de Notre-Dame-de-la-Chapelle à Bruxelles, beffroi de Gand, ancien hôtel de ville d'Alost, etc., etc.). Les plus belles se composent d'une ogive ou d'un plein-cintre moyen, embrassant deux lancettes simples ou trilobées, réunies par une colonnette et surmontées d'un ornement en forme de trèfle, de quatrefeuille ou de rosace (hôtel de ville, boucherie et hôtel des Templiers à Ypres, église de la Chapelle à Bruxelles). On voit aussi à la façade, aux extrémités des transepts et au chevet du chœur, si celui-ci se termine par un mur plat, des ouvertures en œil-de-bœuf soit isolées, soit flanquées de deux fenêtres lancéolées, ou occupant l'espace compris entre l'extrados des ogives de deux lancettes géminées (portails de la cathédrale et de l'église de St-Jean à Tournai, transepts de l'église de St-Quentin dans la même ville, réfectoire de l'abbaye de Villers). Dans les plus beaux monuments du style ogival primaire, les œils-de-bœuf se changent en grandes et magnifiques roses, formées de meneaux qui divergent du centre rayonnant pour se réunir à la circonférence par des arceaux trilobés (rose de l'église de St-Memin à Dinant). Au XIIIe siècle, elles offrent assez souvent des compartiments en ogive trilobée ou une suite de figures régulières, telles que rosaces, quatrefeuilles [1] encadrées, trèfles, etc.,

---

[1] On appelle quatrefeuilles, en terme d'architecture à ogives, des trèfles à quatre pétales.

(roses de l'église de St-Lambert à Liége et du transept méridional de St-Martin à Ypres).

La forme ordinaire de nos églises de la transition ou du style ogival primaire, est une croix latine dont la partie antérieure est tournée vers l'ouest. La porte principale, placée en tête de la grande nef, est toujours isolée. L'archivolte, quand elle est tout unie, repose sur de simples pieds-droits; lorsque les voussures sont ornées de tores ou boudins, elles retombent communément sur des colonnettes réunies en faisceau, dont les chapiteaux imitent grossièrement le corinthien ou offrent des figures grotesques et des têtes monstrueuses (St-Pierre à Ypres, St-Martin à St-Trond, église de Pamele à Audenarde, St-Quentin et St-Jean à Tournai, St-Léonard à Léau, église des Dominicains à Gand, etc.). Plusieurs églises de cette époque n'ont pas de grands portails : on y pénètre par une porte très-simple, placée sur un des côtés de la nef; la partie antérieure de cette dernière se termine alors par un mur plat, percé d'une grande fenêtre ogivale ou d'une rose (St-Vincent à Soignies, Notre-Dame à Louvain). Aux églises de la transition, les entrées latérales se trouvent sur les flancs de la nef ou du chœur (St-Vincent à Soignies, St-Servais à Maestricht); dans celles du style ogival primaire, surtout au XIIIe siècle, elles sont ordinairement fixées aux extrémités des transepts, et parfois sous un porche profond, dont les parois sont couvertes de niches, destinées à recevoir des statues, et les voussures de dais, de statuettes et de quantité d'autres ornements de sculpture (St-Martin à Ypres, St-Lambert à Liége, Notre-Dame à Dinant et à Tongres). L'ancienne cathédrale de St-Lambert à Liége et celle de la Vierge à Dinant, sont, à notre connaissance, les seules églises de Belgique en style ogival primaire dont le portail principal ait été dans l'origine décoré d'un semblable porche. Quant aux triples porches qu'on voit à un assez grand nombre d'églises en France, telles que la cathédrale de Rheims, celle de Chartres, etc., nous ne pensons pas qu'ils aient jamais existé à la façade

soit ronds, soit allongés et pointus. Lorsque cet ornement est renfermé dans une bordure ronde ou carrée, on lui donne la dénomination de quatrefeuille encadrée.

d'aucun de nos édifices religieux. Nous n'avons trouvé non plus nulle part les signes du zodiaque qu'on rencontre si fréquemment aux portails des églises de France et d'Allemagne.

Les tours, de forme carrée et percées d'un ou de plusieurs rangs de petites fenêtres, soit plein-cintre, soit ogivales, sont placées isolément en tête de la nef, ou encadrent le portail au nombre de deux (St-Lambert à Liége et St-Sulpice à Léau). Deux autres tours carrées s'élevaient parfois dans les angles formés par l'intersection du chœur et des transepts (abbaye de St-Bavon à Gand). Aux églises les plus anciennes de la transition, les tours sont d'une hauteur médiocre et couvertes d'un toit obtus, à quatre pans; au XIIe et au XIIIe siècle, elles prennent plus d'élévation et se terminent en plate-forme, ou sont couronnées de hautes flèches en pierre et en bois, massives et sans découpures; la base de ces flèches est ordinairement flanquée de quatre clochetons pentagones ou octogones, dont les aiguilles sont bordées sur toute leur hauteur de volutes en forme de feuilles recourbées ou *crochets*. Lorsque le portail principal n'est point muni d'une ou de deux tours, les angles sont souvent dissimulés par des tourelles cylindriques ou angulaires (St-Nicolas et St-Jacques à Gand, St-Quentin à Tournai, et l'église de Pamele à Audenarde). Alors la tour de l'église pose sur le centre des transepts, et est de figure carrée, mais présente plus fréquemment, surtout dans les Flandres, un octogone percé de huit ouvertures lancéolées ou en fer à cheval (St-Jacques à Gand, église de Pamele à Audenarde).

Les nefs et les chœurs des premières églises de la transition et du style ogival primaire, sont renforcés extérieurement par des contreforts très-peu saillants, et ayant la forme de pilastres, dont l'épaisseur est dissimulée en quelque sorte par une espèce de retraite. Aux principales églises du XIIe et du XIIIe siècle, ces contreforts se changent en gros piliers carrés et isolés, divisés en plusieurs étages par des corniches et réunis au corps de l'église par des arcs-boutants en forme d'arches cintrées. Ces arcs-boutants, d'une portée plus ou moins grande, sont communément ornés de crochets, de clochetons et de figures grotesques ou têtes d'animaux, appelées *gargouilles*, qui servent de gouttières (Ste-Gudule à Bruxelles, St-Martin à Ypres, chœur de la cathédrale de Tournai, église de l'abbaye de Villers, Notre-Dame à Louvain, etc.).

Les corniches qui couronnent les grands murs des édifices, tant sacrés que profanes, de la transition et de l'ogive primaire, se composent de simples moulures rondes et angulaires, ornées quelquefois de modillons figurant des têtes grimaçantes. Ces corniches reposent fréquemment sur un rang de moulures découpées en forme de *dents de scie*, ou sur une suite de petites arcades simulées, en plein-cintre, en ogive simple ou trilobée, appuyées sur des consoles plates ou ornées de têtes grotesques (chœur des églises de La Chapelle et de Ste-Gudule à Bruxelles, église de St-Jean dans la même ville, hôtel de ville d'Ypres, église de St-Sauveur à Bruges, églises des abbayes d'Afflighem et de Villers, etc.) [1].

Les balustrades, accessoire ordinaire des corniches à l'extérieur des édifices principaux du style ogival primaire, mais très-rares dans ceux de la transition, sont formées, au XIIe et au XIIIe siècle, d'arcs ogives ou trilobés, tantôt à colonnettes et tantôt sans colonnettes (portail de la cathédrale de Tournai, chœurs de St-Léonard à Léau, de Notre-Dame à Anvers, et de St-Donat à Bruges, St-Lambert à Liége). Dans les plus riches monuments de la dernière époque du gothique à lancettes, elles se composent de quatrefeuilles et de trèfles encadrés. Aux églises, ces balustrades sont placées au-dessus des bas-côtés et autour du grand comble; nous ne connaissons qu'une seule de nos églises ogivales, celle de Léau, où, comme dans beaucoup d'églises romanes, une balustrade ou galerie circule à l'extérieur du chœur. Les façades des édifices profanes, au lieu d'être couronnées par des balustrades, le sont le plus souvent par des créneaux (hôtel de ville d'Ypres).

---

[1] Quant à tous ces ornements auxquels les archéologues modernes ont donné le nom d'étoiles, zigzags, frètes crénelées, losanges enchaînées, billettes, nébules, moulures prismatiques, moulures hachées, têtes de clou, câbles, torsades, labyrinthes, damiers, perles, bandelettes, dentelles, moulures nattées, etc.; nous n'en avons remarqué des traces, en Belgique, ni aux monuments de la transition, ni à ceux du style ogival primaire. (Voir le *Cours d'antiquités monumentales*, par M. de Caumont, 4e partie, p. 127.)

Les nefs des églises de la transition sont formées par des piliers carrés ou par des colonnes cylindriques, pesantes et courtes (église de Pamele); souvent les piliers carrés alternent avec les colonnes (églises de St-Piat et de St-Brice à Tournai). Quelquefois la retombée des voûtes des petites nefs et du chœur, si ce dernier n'a point de collatéraux, est reçue sur des colonnes très-minces et superposées les unes aux autres, de telle manière que les bases des colonnes supérieures reposent immédiatement sur les chapiteaux des colonnes inférieures (chevets des chœurs de Ste-Gudule et de Notre-Dame de la Chapelle à Bruxelles). Les colonnes qui partagent les nefs des églises du style ogival lancéolé, sont généralement de forme cylindrique, mais plus élancées et mieux proportionnées que celles des premières églises de la transition, ou composées d'un pilier autour duquel viennent se grouper un grand nombre de colonnes longues et très-exiguës, couronnées de chapiteaux, ou s'élançant d'un seul jet jusqu'à la retombée des voûtes de l'église [1]. Les chapiteaux des colonnes qui soutiennent l'intérieur des églises de la transition, affectent l'ordre corinthien ou présentent de simples moulures; nous n'en connaissons pas qui portent des têtes grotesques, des serpents enlacés, des monstres marins et autres figures bizarres. Les chapiteaux des grandes colonnes de style ogival primaire sont ornés ordinairement de feuilles ou volutes triangulaires, terminées en crochets. Les arcades qui réunissent ces colonnes, dans les nefs et le chœur, sont presque toujours lancéolées et à voussures cannelées (églises de Notre-Dame à Tongres et à Dinant, de St-Martin à Ypres, de Ste-Walburge à Furnes, chœur de la cathédrale de Tournai, St-Paul à Liége, etc.); dans quelques monuments cependant leur ogive est plus évasée (chœur de Ste-Gudule à Bruxelles, églises de St-Piat et de St-Brice à Tournai).

Dans les plus anciennes églises de la transition, le chœur, parfois moins élevé que les nefs (St-Vincent à Soignies), est très-petit, terminé par un mur plat ou formé d'une abside circulaire ou octogone. Au XIIe

---

[1] Nous n'avons vu dans aucune de nos églises des colonnes annelées, c'est-à-dire, des colonnes dont des anneaux en pierre divisent les fûts par parties égales.

et au XIIIe siècle, il s'allonge considérablement et acquiert l'étendue des chœurs des grandes églises de style ogival primaire (églises de Pamele, de St-Quentin à Tournai, et de St-Martin à Ypres). Ces derniers occupent un tiers et souvent même la moitié de la longueur totale du vaisseau de l'église (cathédrale de Tournai, Ste-Gudule à Bruxelles). Ils sont tantôt sans collatéraux et percés dans leur pourtour de longues fenêtres lancéolées, et tantôt entourés de bas-côtés, bordés ordinairement de cinq chapelles, placées en rayon autour du chevet; quelquefois, cependant, le nombre des chapelles est plus considérable; mais bien souvent aussi il n'y a aucune chapelle, ou celles qui s'y trouvent y ont été ajoutées postérieurement (Ste-Gudule, Notre-Dame à Tongres, St-Léonard à Léau, église de Villers, Notre-Dame à Dinant). Enfin, les collatéraux ne tournent pas toujours autour du chœur entier; on voit des églises, surtout de l'époque de la transition, où ils s'arrêtent des deux côtés du chevet (Ste-Walburge à Audenarde). Les nefs, tant des églises de la transition que de celles du style ogival primaire, ne sont jamais bordées de chapelles, celles qui y existent ont été ajoutées postérieurement.

Entre les arcades et les fenêtres de la nef principale, et au pourtour des transepts et du chœur des grandes églises de la transition et du style ogival primaire, règne une galerie connue chez les Anglais sous le nom de *triforium*, et remplaçant les tribunes des anciennes basiliques romaines et des églises byzantines [1]. Elles sont formées d'arcades, ordi-

---

[1] Les basiliques romaines, qui remplissaient la destination de nos bourses et de nos tribunaux, étaient des édifices plus ou moins étendus, en forme de trapèze, divisés intérieurement en trois (et parfois en cinq) nefs, par deux rangs de colonnes, dont l'entablement supportait un second ordre de colonnes. La cathédrale de Tournai, l'église de Soignies, et celles ci-devant des Jésuites à Anvers, offrent des modèles assez parfaits de ce genre de construction. Les basiliques n'avaient pour couverture que le toit nu du bâtiment ou un simple plafond en bois; l'hémicycle seul qui terminait la nef centrale, et où siégeait le tribunal du préteur, était voûté en pierres et portait pour cette raison le nom d'abside. Les chrétiens du IVe et du Ve siècle adoptèrent pour leurs églises le plan des basiliques, parce que ces édifices, étant beaucoup plus étendus que les temples païens, pouvaient réunir dans leur enceinte toute l'assemblée des fidèles, qui n'aurait pu trouver place dans les *cellæ* étroites des temples, où les prêtres du paganisme avaient seuls le privilège de pénétrer, le public se tenant sur le parvis ou dans le *péribole* (la cour) qui entourait le temple.

nairement cintrées dans les églises de la transition (St-Martin à Ypres), et ogivales dans celles de style ogival primaire (Ste-Gudule, nefs et transepts de St-Martin à Ypres, Notre-Dame à Tongres et à Dinant, etc., etc.), tantôt isolées, simples ou trilobées, avec ou sans colonnettes (nefs de Ste-Gudule, Ste-Walburge à Furnes, St-Martin à Ypres, Notre-Dame à Tongres et à Dinant, St-Paul à Liége, St-Sauveur à Bruges, etc.), et tantôt géminées, ornées de trèfles et de quatrefeuilles dans l'espace compris entre les deux ogives, le tout encadré d'une grande arcade ogivale simulée (chœur de Ste-Gudule, chœur de la cathédrale de Tournai, transepts de St-Martin à Ypres) [1]. C'est particulièrement autour des transepts et du chœur que les galeries sont décorées avec le plus d'élégance; parfois on ne les rencontre que dans cette seule partie du vaisseau de l'église (St-Léonard à Léau).

Les voûtes des églises du style ogival à lancettes sont toujours en tiers-point et à nervures croisées; leurs retombées viennent s'appuyer dans l'intervalle qui sépare les fenêtres sur des consoles ou sur des demi-colonnes cylindriques, isolées ou groupées. Dans les églises de la transition, elles sont ou ogivales ou cintrées en anse de panier : souvent ces dernières églises n'ont qu'un plafond en bois (église de Pamele).

Style ogival secondaire ou rayonnant.

(Du XIVe à la seconde moitié du XVe siècle).

L'élargissement des fenêtres, des portes et des arcades, l'abondance et la forme anguleuse des ornements, les nervures et les meneaux qui remplacent les colonnettes aux galeries, aux portes, aux fenêtres et aux colonnes groupées en faisceau, sont les traits principaux qui distinguent le style ogival du XIVe et du XVe siècle du style ogival primaire.

La largeur des fenêtres placées le long des nefs et du chœur égale la moitié et souvent les deux tiers de leur hauteur, surtout au XVe siècle. Elles sont subdivisées en trois, quatre, quelquefois en cinq et six lan-

---

[1] En France on les trouve quelquefois réunies trois à trois et quatre à quatre sous une ogive maîtresse; nous n'avons vu ces dispositions dans aucune église de la Belgique.

cettes, formées par de longs et larges meneaux surmontés de rosaces, de trèfles et de quatrefeuilles. Rarement toutes les fenêtres d'une église sont d'un même dessin. Les fenêtres de la grande nef sont presque toujours de deux dessins différents; il en est de même de celles des bas-côtés et du chœur. Quelquefois chaque fenêtre varie d'orne-mentation, mais ceci se rencontre plus fréquemment dans les églises de style ogival tertiaire. C'est particulièrement dans les vastes fe-nêtres qui décorent les portails et les transepts, que se déploient tout le luxe et toutes les richesses d'ornementation du gothique rayonnant. Quelques-unes de ces fenêtres ont jusqu'à quarante et cinquante pieds d'élévation (St-Pierre à Louvain, St-Sauveur à Bruges, Notre-Dame à Huy et à Tongres, Ste-Gudule à Bruxelles, etc., etc.). Les roses se rencontrent aussi assez souvent dans les églises du style ogival secon-daire. Elles offrent les mêmes ornements que les grandes fenêtres, des rosaces, des quatrefeuilles, des trèfles et autres figures rayonnantes (tour et transept droit de Notre-Dame à Huy, transepts de l'église de Dixmude et de Notre-Dame du Sablon à Bruxelles, portail de cette dernière église).

Les fenêtres, dans les édifices civils, sont en général beaucoup moins larges et moins hautes que celles des églises, et elles ne sont ordinaire-ment subdivisées que par un ou deux meneaux; quelquefois elles ont même la forme de lancettes plus ou moins allongées et à ogive arrondie, mais qu'à leur ornementation il est aisé toutefois de distinguer des ou-vertures du gothique primaire (hôtels de ville de Bruges, de Louvain et de Bruxelles). Dès le commencement du XVe siècle, on rencontre des fenêtres carrées, divisées en croix par des linteaux à chambranles cannelés, et isolées ou encadrées dans un arc ogival simulé (hôtels de ville de Bruxelles et de Louvain, halle de Bruges).

Les églises de style ogival secondaire conservent la forme générale des églises de l'époque précédente, sauf l'addition d'un rang de chapelles à chaque collatéral de la nef, disposition qui ne se trouve pas dans celles antérieures au XIVe siècle. M. de Caumont regarde aussi comme une innovation introduite pendant ce siècle, les grandes chapelles consacrées à la Vierge, et placées au chevet de l'église derrière les collatéraux du chœur, dont elles sont séparées par des colonnes : ces chapelles, du reste, ne se trouvent que dans un petit nombre de nos églises (St-Martin à Alost, Notre-Dame à Malines et St-Sauveur à Bruges).

Les portes des églises, placées en tête de la nef, sont simples, géminées ou au nombre de trois; nous n'avons rencontré quatre portes qu'au seul portail de l'église de Ste-Gudule à Bruxelles. Elles sont en ogive plus ou moins évasée, à voussures cannelées, et, dans les églises un peu ornées, flanquées de pinacles, de niches couvertes de dais, et très-souvent couronnées de frontons ou gables, dont le tympan est décoré de petites arcades simulées, et les côtés sont bordés de crochets et de pinacles (Ste-Gudule à Bruxelles). Plusieurs portails d'églises du XIVe et du XVe siècle présentent des porches profonds, à voussures cannelées, mais, en général, moins riches de sculptures que ceux du style ogival primaire. Ils sont ordinairement surmontés d'une plate-forme et d'une balustrade composée de quatrefeuilles encadrées (Notre-Dame à Tongres, St-Martin à Ypres, Notre-Dame du Sablon à Bruxelles, Notre-Dame à Courtrai et à Anvers, deux églises à Poperinghe, St-Rombaut à Malines, etc.).

Lorsque le grand portail n'est pas placé au bas de la tour, il se termine par un gable ou pignon dont la base est bordée d'une balustrade. Les côtés du gable sont hérissés de crochets et son tympan orné d'arcades simulées et trilobées. Les gables des transepts présentent à peu près le même système d'ornementation (St-Rombaut à Malines, Notre-Dame du Sablon et Ste-Gudule à Bruxelles, église d'Anderlecht, etc., etc.).

Des balustrades composées d'arcatures, mais plus ordinairement de trèfles et de quatrefeuilles encadrés, couronnent les murs extérieurs des nefs et du chœur aux principales églises du style ogival secondaire (St-Gommaire à Lierre, Notre-Dame de Hal, Ste-Gudule à Bruxelles, etc.). Dans un grand nombre d'églises les collatéraux de la nef sont surmontés extérieurement d'une suite de gables ou pignons dont les tympans sont ornés d'arcades bouchées et entre lesquelles s'élèvent des pinacles hérissés de crochets comme les côtés des gables. Cette série de

pignons n'existe guère que là où les bas-côtés sont bordés de chapelles (Ste-Waudru à Mons, Ste-Gudule et Notre-Dame de la Chapelle à Bruxelles., Notre-Dame de Hal, église d'Anderlecht, etc.).

Au XIVe siècle, la nef principale et le chœur des grandes églises sont
soutenus extérieurement, comme pendant les deux siècles précédents,
par des arcs-boutants, ornés de clochetons et de crochets; mais dès le
milieu du XVe siècle, les arcs-boutants sont remplacés dans beaucoup
d'églises par de simples contreforts d'une très-faible saillie, et qui se
cachent pour ainsi dire sous le toit. Les balustrades qui couronnent
les hauts combles, disparaissent généralement avec les arcs-boutants
(nef de Notre-Dame à Anvers, St-Michel à Gand, Notre-Dame à
Malines, Notre-Dame du Sablon et de la Chapelle à Bruxelles, etc.).

Les tours placées isolément au-dessus de la porte principale en tête
des nefs, et les tours jumelles flanquant les deux côtés du portail, sont
de forme carrée (Ste-Gudule), ou carrées à la partie inférieure et octogones aux étages supérieurs (beffroi de Bruges, tours de l'hôtel de
ville de Bruxelles, de l'ancien hôtel de ville d'Alost, de Notre-Dame à
Anvers, de St-Bavon à Gand, de St-Gommaire à Lierre). Lorsqu'elles se
terminent en plate-forme, elles sont presque toujours restées inachevées
et devaient, suivant le plan primitif, porter une haute flèche en pierre
ou en bois (St-Martin à Ypres, Notre-Dame à Tongres, St-Rombaut à
Malines, St-Michel à Gand, Notre-Dame de la Chapelle à Bruxelles, etc.).
Jusqu'au XIVe siècle, les tours en pierres avaient été massives et sans
découpures; ce n'est que vers la fin de ce siècle et dans la première
moitié du siècle suivant, que l'on bâtit de magnifiques tours travaillées à jour comme un ouvrage de filigrane, et qui, par leur élévation,
par la hardiesse et la beauté de leur construction, et par la richesse
et la délicatesse de leurs ornements, seront toujours considérées
comme le triomphe de l'architecture ogivale, et comme une œuvre
originale dont l'idée première appartient aux artistes de ce moyen âge,
tant déprécié par les admirateurs exclusifs des Grecs et des Romains
(tour septentrionale de Notre-Dame à Anvers, tours de l'hôtel de
ville de Bruxelles, de l'hôtel de ville et de l'église de Ste-Gertrude à

Louvain). Au XIVe et au XVe siècle on éleva aussi en Belgique des flèches en bois d'une hauteur et d'une hardiesse remarquables (flèches de Ste-Gertrude à Nivelles, de Ste-Julien à Ath, de St-Gommaire à Lierre, de l'église d'Aerschot, de St-Bavon à Gand, etc.). Ces flèches étaient ordinairement flanquées, aux angles de la tour carrée en pierres qui leur servait de base, de quatre clochetons octogones à aiguilles hérissées de crochets, et entourées d'une balustrade qui n'existe pas aux temps de la première époque du style ogival. Les flèches massives en briques ne se voient guère qu'en Flandre, et presque toutes dans la Flandre occidentale, où elles sont très-nombreuses, tant dans les villes que dans les villages, et d'une élévation considérable (Notre-Dame à Bruges, église paroissiale d'Ostende, St-Nicolas à Furnes, églises paroissiales de Roulers, de Lombardzyde, de Boesingen, de Beerlaere, de Vlaemertingen, d'Elverdingen, de Menin (avant la reconstruction de cette église, etc.). Un grand nombre de ces tours en briques remontent au XIVe et au XVe siècle; d'autres ne datent que du XVIe et du XVIIe siècle. L'église de Notre-Dame à Huy est, à notre connaissance, la seule église de style ogival secondaire en Belgique qui soit décorée de tours jumelles placées des deux côtés du chœur. Les tours octogones ou carrées qui s'élèvent assez souvent à l'intersection du chœur et des transepts des églises ogivales primaires, sont aussi remplacées dans celle de style ogival secondaire par des flèches en bois d'une médiocre élévation. L'église de St-Nicolas à Gand, dont la tour fut construite en 1407, offre une des rares exceptions à cette règle universelle.

Les colonnes qui forment les nefs et le chœur des églises du style ogival secondaire, sont ou cylindriques à bases octogones et à chapiteaux ornés de feuilles de vigne, de chou frisé et de chardon, ou composées de nervures angulaires et prismatiques réunies en faisceau, sans chapiteaux, et s'élançant en partie d'un seul jet jusqu'aux arceaux des voûtes de la grande nef, et en partie se bifurquant pour former les nervures des arcades de la nef et du chœur, et celles des voûtes des collatéraux de l'église (St-Pierre à Louvain, Ste-Waudru à Mons, Notre-Dame à Anvers et à Hal, etc.).

Les galeries qui règnent entre les arcades et les fenêtres de la nef et du chœur et au pourtour des transepts, se composent généralement de meneaux ogivaux trilobés, ornés à leur partie inférieure ou supérieure d'une balustrade à trèfles ou quatrefeuilles encadrés. (St-Pierre à Louvain, Notre-Dame à Anvers et à Huy, St-Rombaut et Notre-Dame à Malines, St-Gommaire à Lierre, Notre-Dame du Sablon à Bruxelles, Ste-Waudru à Mons, etc.)

Dans les édifices du gothique rayonnant, les voûtes sont constamment ogivales et à nervures croisées.

La description de la halle et de l'hôtel de ville de Bruges, de la halle et de l'hôtel de ville de Louvain et celle des hôtels de ville de Bruxelles et de Mons, donneront une idée suffisante du plan et de l'ordonnance générale des grandes constructions civiles de la seconde époque de l'architecture ogivale.

Nous avons dit qu'un des caractères qui distinguent le style ogival secondaire du style précédent, consistait dans la grande abondance des ornements; ceux dont l'emploi est le plus général à cette époque, sont les panneaux, les crochets, les niches couvertes de dais, les pinacles, les feuilles entablées, les arcades simulées, les quatrefeuilles et les trèfles.

Les panneaux, qu'on ne trouve jamais dans les édifices du style ogival primaire, offrent une suite d'arcades simulées, trilobées et séparées par des lignes ou des nervures verticales. Ils servent à cacher la nudité des murs tant extérieurs qu'intérieurs; ils tapissent surtout les murs intérieurs des bas-côtés des églises, lorsque ces derniers ne sont pas bordés de chapelles, mais souvent les murs des chapelles même en sont garnis (St-Rombaut et Notre-Dame à Malines, Notre-Dame à Anvers et à Huy, St-Pierre à Louvain, chapelle des comtes dans l'église de Notre-Dame à Courtrai, Ste-Croix à Liége, etc., etc.). Lorsque les panneaux sont employés pour dissimuler la lourdeur des contreforts, ou qu'ils servent d'encadrement aux portes, ils sont superposés les uns aux autres.

Les crochets, plus rares et moins serrés au XIIIe siècle, se montrent avec profusion dans les édifices du style ogival secondaire. On les trouve à presque toutes les parties extérieures des églises, aux gables des portes, des portails, des transepts, des chapelles qui entourent les bas-côtés de la nef et du chœur, aux flèches en pierres, aux clochetons, aux pinacles, etc. Les crochets qui garnissent les archivoltes des arcades, des portes et des fenêtres, et qui se terminent à la pointe de l'ogive par un bouquet de feuillage en forme de panache, sont un des ornements caractéristiques des monuments ogivaux postérieurs au XIIIᵉ siècle.

Les niches placées en encorbellement entre les fenêtres, aux côtés des portes, sur les contreforts et les pieds-droits des arcs-boutants et le long des tourelles et des tours, sont aussi une des ornementations les plus communes dans les constructions du style ogival secondaire. Les dais pyramidaux qui les couvrent, beaucoup plus allongés qu'à l'époque antérieure, sont d'un dessin très-riche et offrent en petit la forme des grandes tours découpées à jour (hôtels de ville de Bruges, de Louvain, de Bruxelles, de Mons, etc.). Les plinthes ou bases de ces niches sont sculptées en bas-reliefs représentant des sujets historiques ou des figures fantastiques (hôtel de ville de Louvain, chœur de l'église de Notre-Dame à Hal, etc.). On trouve parfois une longue suite de niches accoudées les unes aux autres et placées en guise de galerie (halle et jubé de l'église de Sᵗ-Pierre à Louvain).

Les pinacles, aiguilles élancées et garnies de crochets, couronnent les arcs-boutants, les balustrades des hauts-combles et quelquefois les gables des portails (portails principal et latéral droit de Sᵗᵉ-Gudule, hôtels de ville de Louvain et de Bruges, etc., etc.).

Les *feuilles entablées*, ainsi appelées parce qu'elles forment des bordures sur les parties saillantes de l'entablement, notamment sur les corniches, se composent, dans le style de la transition et dans celui de l'ogive primaire, de feuilles d'acanthe; au XIVᵉ et au XVᵉ siècle, elles se transforment en feuilles de chou frisé, de chardon, de vigne, etc. (hôtel de ville de Bruges).

Les dents de scie et les modillons, soit plats soit à têtes grimaçantes, ont disparu complétement. On ne rencontre plus que rarement des

5

corniches reposant sur des arceaux simulés (hôtel de ville et beffroi de Bruges, St-Martin à Liége).

Les arcades simulées sont presque toutes surmontées d'un fronton pyramidal garni de crochets et couronné d'un panache. Ces arcades embrassent ordinairement d'autres arcades d'une moindre dimension et trilobées. La façade de l'ancienne halle de Louvain (aujourd'hui l'université) est décorée d'un rang d'arcades simulées dont l'ogive forme un triangle parfait.

Les quatrefeuilles et les trèfles se terminent tantôt en pointe mousse ou arrondie et tantôt en pointe très-aiguë [1]. Les trèfles et quatrefeuilles encadrés ou entourés d'un cercle et les rosaces composent l'ornementation principale des fenêtres et des balustrades, et celle des galeries au-dessus du premier ordre dans l'intérieur des églises. Les plus beaux édifices civils sont couronnés extérieurement de balustrades ou galeries en forme de créneaux découpés à jour en échiquier ou en arcades trilobées (hôtels de ville de Bruges, de Bruxelles et de Louvain).

Les pendentifs ou culs-de-lampe, formés par la réunion ou l'intersection des arceaux des voûtes, sont un des ornements ordinaires du style ogival tertiaire, mais on les trouve rarement dans les édifices de l'époque précédente. Le plafond de la grande salle de l'hôtel de ville de Bruges est décoré de culs-de-lampe très-élégants et qui datent de l'année 1398.

Les festons trilobés ou en figure de trèfle suspendus aux voussures des portes, des fenêtres et des arcades, sont plus rares encore dans les constructions du style ogival rayonnant; on ne les trouve qu'à un très-petit nombre de monuments de la seconde moitié du XVe siècle, tel que le portail de l'église de Notre-Dame à Anvers.

Pour terminer cette esquisse de l'architecture ogivale secondaire, nous ajouterons que c'est dans les constructions de cette époque qu'on commença à faire un usage plus fréquent de la brique. La Flandre, où le défaut de carrières rendait fort dispendieuses les bâtisses en

---

[1] M. de Caumont donne le nom de *fleurons crucifères* aux quatrefeuilles à pétales lancéolés.

pierres, alors que les voies de communication étaient rares et très-incomplètes, paraît avoir été la partie de la Belgique dans laquelle l'emploi de la brique eut lieu le plus tôt [1]. Hallam est même d'avis que ce fut à cette contrée que l'Angleterre emprunta l'art de bâtir en briques [2]. Quoi qu'il en soit, il existe dans la Flandre occidentale un grand nombre d'édifices considérables construits en briques dès le commencement du XIVe siècle; quelques-uns même datent du XIIe et du XIIIe siècle.

Style ogival tertiaire ou flamboyant.

(Seconde moitié du XVe à la seconde moitié du XVIe siècle).

De même que le style de transition au Xe et au XIe siècle marque le passage du plein-cintre à l'ogive, de même le style ogival tertiaire trace le retour de l'ogive au plein-cintre ; car ce style n'est en quelque sorte que le gothique secondaire dénaturé par le mélange d'ornements appartenant en partie à l'époque dite de la renaissance. De là la dénomination de style ogival ou gothique *corrompu*, que M. De Reiffenberg donne avec beaucoup de justesse à la dernière époque de l'architecture à ogives [3].

Les édifices du style ogival tertiaire se reconnaissent principalement aux traits suivants, qui composent les caractères généraux de ce mode architectural : 1° aux figures contournées et irrégulières, ressemblant à des flammes, à des cœurs allongés qui ornent les compartiments des fenêtres, des roses et des balustrades, et qui ont fait désigner l'architecture ogivale de la dernière époque sous le nom de *style flamboyant ;* 2° aux arceaux ou nervures saillantes qui partagent les voûtes des édifices en un grand nombre de compartiments prismatiques ; 3° aux ogives évasées et à pointe très-arrondie et aux cintres

---

[1] Les églises de St-Sauveur et de Notre-Dame à Bruges et l'hôpital de la Byloke à Gand, sont au nombre des plus anciens édifices construits en briques qui existent aujourd'hui en Belgique.

[2] *L'Europe au moyen âge*, tom. IV, p. 215 ; De Reiffenberg, *Essai sur la statistique ancienne de la Belgique*, 2e partie, p. 95.

[3] *Essai sur l'ancienne statistique de la Belgique*, p. 148.

surbaissés en anse de panier, tantôt simples, tantôt trilobés, qui remplacent l'arc en tiers-point des portes, des fenêtres et des arcades
extérieures [1]; 4° aux ornements propres à ce style, les festons, les
culs-de-lampe, les feuillages en bouquets et en guirlandes, les arabesques, les rinceaux et les médaillons.

Quoique, comme nous l'avons fait observer, les culs-de-lampe ou
pendentifs et les festons trilobés, cette élégante dentelure qui encadre
les voussures des portes, des fenêtres et des arcades, se rencontrent dans
quelques monuments du style ogival secondaire, leur emploi n'y est
pour ainsi dire qu'accidentel. On en a fait, au contraire, un usage
très-fréquent dans les édifices de l'époque subséquente, c'est pour-
quoi M. de Caumont regarde avec raison les festons comme un des ornements caractéristiques des derniers temps de l'architecture ogivale.

On doit en dire autant des culs-de-lampe, qui sont très-communs
dans les édifices du style ogival flamboyant. Ils sont ordinairement couverts d'ornements très-variés et très-délicats. « Quelquefois, dit M. de
Caumont, les culs-de-lampe très-volumineux, retracent l'image des
stalactites dont la nature tapisse certaines grottes, et l'on ne se promène
pas sans étonnement sous ces voûtes frangées où sont suspendues des
pierres pesant plusieurs mille livres. » Les pendentifs les plus beaux et
les plus hardis que nous ayons vus en Belgique sont ceux qui ornent
le jubé de l'église de Dixmude.

Les feuillages en bouquets et guirlandes se composent de feuilles
de chou frisé, de chardon, de vigne et de quelques autres plantes. Ils
remplacent les crochets aux archivoltes des portes, des arcades des
fenêtres et aux dais des niches.

Les arabesques, les rinceaux et les médaillons, empruntés à l'architecture romaine de la renaissance, couvrent les voûtes, les murs à
l'extrados des archivoltes des arcades, et quelquefois les fûts des colonnes (voûte de la nef et du chœur de Notre-Dame à Huy et de St-Paul
à Liége, voûte et murs de la grande nef de St-Jacques à Liége, façade

---

[1] Nous disons des arcades extérieures, parce qu'à l'intérieur de nos églises de style ogival tertiaire, les arcades des nefs et du chœur sont toujours en ogive.

de la chapelle du St-Sang à Bruges, colonnes de la bourse à Anvers et de l'ancien palais épiscopal à Liége).

Outre les ornements qui appartiennent au style ogival tertiaire, on trouve dans les monuments de cette catégorie, la plupart des ornements du style ogival rayonnant, les crochets aux côtés des gables, des portails et des transepts, les fleurons, les pinacles, les niches, mais dont le dais est souvent d'un dessin très-compliqué, les quatrefeuilles et les trèfles à pétales pointus, les panneaux, les arcades bouchées, etc. (hôtel de ville de Gand, chapelle du Sacrement des Miracles à Bruxelles, St-Jacques à Liége, Notre-Dame à Malines, etc.).

Le plan et la forme générale des églises du style ogival tertiaire ne diffèrent point de ceux des églises des XIVᵉ et XVᵉ siècles. Il devient même souvent difficile de distinguer intérieurement une église gothique tertiaire d'une église gothique secondaire; car, comme les arcades des nefs et du chœur, dans les églises de style ogival tertiaire, sont toujours en tiers-point et ne varient pas de celles de l'époque précédente, et que beaucoup d'églises du XVIᵉ siècle ont conservé les voûtes ogivales et à nervures croisées, ce n'est qu'à l'ornementation des fenêtres, des portails et des transepts qu'on observe la différence de style de ces édifices (église des Dominicains à Anvers, St-Michel à Gand, Notre-Dame à Malines, St-Gommaire à Lierre, etc.).

Les colonnes qui forment les divisions intérieures des églises, sont cylindriques ou à nervures prismatiques réunies en faisceaux; les premières sont souvent d'un moindre diamètre que celles des églises ogivales secondaires (église des Dominicains à Anvers), et les secondes plus élancées, plus sveltes et fréquemment d'une extrême ténuité, car c'est moins par la justesse et l'harmonie des proportions que se distinguent les grands monuments du gothique flamboyant, que par la hardiesse de leur construction, hardiesse qui parfois dégénère en véritables tours de force, témoin la chapelle de l'ancienne cour à Bruxelles, démolie vers 1772, l'église détruite de l'abbaye de Lobbes, l'escalier en hélice dans le chœur de l'église de St-Jacques à Liége, et les pendentifs du jubé de l'église de Dixmude.

Dans les églises de la dernière époque de l'architecture ogivale, les galeries qui règnent au-dessus des arcades de la nef et du chœur sont souvent remplacées par de simples balcons placés au-dessous des fenétres (église de Sᵗ-Jacques et des Dominicains à Anvers). D'autres églises, quoique de premier rang, n'ont ni galeries ni balcons.

Aux arcs-boutants à l'extérieur des églises, on a substitué presque partout, dans le XIVᵉ et à la fin du XVᵉ siècle, des contreforts ornés de panneaux et de pinacles simulés ou sans aucune ornementation. Les balustrades, sauf quelques rares exceptions, disparaissent également des combles des nefs et du chœur.

A cette époque, on projeta encore des tours en pierre, découpées à jour et qui auraient même surpassé en élévation et en richesse d'ornementation tous les monuments de ce genre élevés jusqu'alors (triples tours de l'église de Sᵗ-Pierre à Louvain); mais ces projets ne reçurent point d'exécution, et, loin de construire des tours comparables à celles de l'hôtel de ville de Bruxelles, de l'église de Notre-Dame à Anvers et même à celle de Sᵗᵉ-Gertrude à Louvain, on laissa inachevées les tours commencées au XIVᵉ ou au XVᵉ siècle (tour de Sᵗ-Rombaut à Malines, de Sᵗ-Jacques à Anvers, de Sᵗ-Michel à Gand, etc.), ou si on continua les travaux, ce fut en simplifiant et en dénaturant les plans primitifs de ces monuments (tour de Notre-Dame à Anvers). Les plus belles tours construites en Belgique à l'époque du style ogival tertiaire, sont de simples flèches en bois, remarquables seulement par leur élévation (Sᵗ-Bavon à Gand, Sᵗ-Gommaire à Lierre). Un grand nombre de flèches en briques, dans la Flandre occidentale, nommément celle de la tour de l'église de Notre-Dame à Bruges, datent de cette époque. Les flèches construites à la fin du XVᵉ et au XVIᵉ siècle, ont aussi fréquemment la forme de globes cylindriques ou angulaires.

La belle coupole octogone et de style flamboyant qui s'élève à l'intersection des transepts de l'église de Notre-Dame à Anvers, est, à notre connaissance, la seule qui ait été construite en Belgique durant toute la période de l'architecture ogivale, et en même temps le premier monument de ce genre qu'on ait vu dans ce royaume.

Comme modèles parfaits de monuments et constructions civiles de la dernière époque de l'architecture à ogives, nous nous contenterons de mentionner l'hôtel de ville de Gand, l'édifice appelé la Maison du Roi à Bruxelles, et la maison de l'ancienne corporation des bateliers à Gand.

§ III.

DESCRIPTION HISTORIQUE ET ARCHITECTONIQUE DES PRINCIPAUX MONUMENTS DE STYLE OGIVAL, ÉLEVÉS EN BELGIQUE DEPUIS LE Xe JUSQU'AU XVIe SIÈCLE; NOMS DES ARCHITECTES CONNUS QUI DONNÈRENT LES PLANS OU DIRIGÈRENT LA CONSTRUCTION DE CES MONUMENTS [1].

—

De tous les édifices de la Belgique actuellement existants, les plus anciens, dans lesquels on remarque l'emploi de l'ogive, sont à notre connaissance, la cathédrale de Tournai, l'église de St-Vincent à Soignies et celle de Ste-Croix à Liége.

CATHÉDRALE DE TOURNAI.

On fait remonter l'origine de la *cathédrale de Notre-Dame à Tournai* au Ve ou au VIe siècle [2]. Poutrain, historien de cette ville, prétend que la basilique qu'on voit de nos jours, fut reconstruite sous les rois francs de la seconde race, erreur évidente et que dément la simple

---

[1] Il est peut-être inutile de faire observer que, dans ce chapitre, on ne doit pas s'attendre à trouver une nomenclature complète de toutes les constructions importantes élevées en Belgique pendant le moyen âge, mais celle seulement des édifices qui offrent quelque intérêt comme monuments d'architecture ogivale.

[2] Quelques-unes des preuves que l'on cite pour constater la haute antiquité de cette église ne sont pas à l'abri de toute critique. Telle est entre autres la charte par laquelle le roi Chilpéric fait don à l'évêque Chrasmarus et au clergé de l'église de Notre-Dame du tonlieu de l'Escaut, à Tournai. On a des motifs plausibles pour contester l'authenticité de cet acte, dont on ne possède qu'un *vidimus* du XIIIe siècle.

inspection de ce monument [1]. Nous manquons de documents authentiques sur l'époque de la réédification de l'église de Notre-Dame, mais
tout nous porte à croire qu'enveloppée dans la destruction générale
de la ville par les Normands, en 882, elle fut relevée au commencement du Xe siècle, lorsque les habitants de Tournai, qui avaient trouvé
un asile à Noyon, vinrent repeupler leur cité ruinée et déserte depuis
trente ans, événement auquel semblent faire allusion les anciens bas-
reliefs qui ornent les pieds-droits et les archivoltes des portes latérales
de l'église [2]. Quoiqu'il ait dû s'écouler un long laps de temps avant
que cette immense et superbe basilique fût achevée, les portes en
sont évidemment une des parties les plus anciennes : elles se composent d'un arc plein-cintre bouché, encadré dans un autre cintre formé
de trois lignes courbes en figure de trèfle; la ligne centrale, plus élevée
que les deux autres, est formée de deux courbes se rencontrant an-
gulairement au sommet, ce qui constitue une véritable ogive. Les
vastes et magnifiques nefs et les admirables transepts de l'église, sont
construits tout entiers dans le plus beau style roman [3]. L'élévation et
l'ornementation des cinq tours à toits pyramidaux et obtus qui sur-
gissent au centre des transepts, ne permettent pas de fixer leur cons-

---

[1] Dans un article remarquable sur l'église de Notre-Dame à Tournai, publié dans la *Revue de
Bruxelles* (décembre 1837), M. Dumortier est d'opinion que les transepts et les tours de cette
église, tels qu'ils existent aujourd'hui, datent du règne de Clovis, et que les nefs remontent à
une époque plus ancienne encore. Nous regrettons de ne pouvoir partager sur ce point l'avis de
ce savant distingué.

[2] Ces bas-reliefs sont d'un dessin et d'une exécution très-barbares. M. Renard, architecte de
la ville de Tournai et artiste de beaucoup de talent, a fait un calque exact de ces sculptures, qui
représentent sous divers traits satiriques et grotesques les Normands destructeurs de Tournai.
Au-dessous de la figure d'un Normand à grande barbe, à cheveux flottants et armé d'une épée
et d'un bouclier, on lit le mot *superbia*. Au-dessus de cette figure, on voit celle d'une femme
(probablement la Religion), tenant en main un long bâton terminé en croix; à ses pieds est gravé
le mot *pietas*. On remarque aussi des lièvres poursuivis par des chiens, des serpents à têtes de
Normands barbus, Goliath terrassé par David, etc., etc.

[3] M. Hope dit que la voûte cintrée de la nef (elle ne l'est que depuis le XVIIIe siècle, auparavant la nef n'avait qu'un plafond en bois) est portée par une colonnade; c'est une erreur,
elle est soutenue par deux rangs de gros piliers carrés superposés les uns aux autres et réunis
par des arceaux en plein-cintre.

6

truction à une époque antérieure au XIe siècle [1]. Quatre de ces tours sont
percées de plusieurs rangs de petites fenêtres cintrées ; la cinquième
a des ouvertures plein-cintre alternant avec l'ogive faiblement tracée.

Le chœur de l'église de Notre–Dame, chef-d'œuvre de style ogival
primaire, fut commencé vers l'an 1110 et achevé vers le milieu du
XIIIe siècle [2]. Par son étendue, ce chœur forme à lui seul une grande
église, et il peut, par la beauté de son architecture et la hardiesse de
sa construction, soutenir le parallèle avec les monuments religieux de
style ogival les plus admirés [3]. Il a 190 pieds (de Tournai) en longueur, 100 pieds de largeur et 111 pieds de hauteur dans œuvre. Sa
voûte en tiers-point et à nervures croisées repose sur vingt piliers de plus
de 80 pieds d'élévation, composés de longues et minces colonnettes
réunies en faisceau, et d'une ténuité telle qu'on reste stupéfait de l'au-
dace de l'architecte qui a donné des supports si frêles en apparence à

---

[1] On attribue à St-Paulin de Nola, au royaume de Naples, qui vivait au Ve siècle, l'introduction des cloches appelées *Campanæ* et *Nolæ* de la province et de la ville où cette innovation eut
lieu premièrement. Avant Charlemagne, les cloches étaient rares en France et en Belgique, et
d'un faible poids. Il suffisait de les placer entre deux minces solives sur le pignon du portail des
églises. Sous le règne de cet empereur, les cloches se multiplièrent beaucoup ; mais on se contenta
généralement d'une cloche par église, et leur usage était réservé aux seules églises cathédrales
et paroissiales ; rien cependant n'annonce encore à cette époque les tours des églises construites
postérieurement. Les clochers ne consistaient généralement alors qu'en quatre pièces de bois
surmontées d'une toiture très-simple, formant double pignon. Ils étaient placés ordinairement
au point de réunion des quatre bras de la croix, et ne s'élevaient que de quelques pieds au-dessus du faîte de l'église. Ce n'est qu'au XIe siècle ou dans la seconde moitié du Xe siècle, que l'on
commença à construire des tours proprement dites. Ces tours flanquaient le portail principal de
l'église, dont généralement elles ne dépassaient point la hauteur du pignon, et la plupart du
temps ne l'atteignaient même pas. Quelquefois ces tours étaient construites aux portes latérales
des églises, ou se trouvaient isolées et séparées de ces dernières. Des tours romanes ou en style
de la transition d'une élévation aussi considérable que le sont les cinq tours de la cathédrale de
Tournai, n'ont certes pu être érigées avant la fin du XIe siècle. Elles furent probablement bâties
après l'incendie qui détruisit la partie supérieure de l'église, en 1054.

[2] La voûte ne fut terminée qu'en 1242. L'ancien chœur était formé d'une abside circulaire et
byzantine semblable à celles des transepts. Suivant les annales manuscrites de Tournai, citées
par M. Hoverlant dans son *Essai chronologique pour servir à l'Histoire de Tournay*, tom. III,
p. 163, le nouveau chœur aurait été commencé dès la seconde moitié du XIe siècle, puisqu'il y
est dit que l'évêque Radbod II, sacré en 1068, contribua aux frais de cette bâtisse.

[3] « Le chœur (de la cathédrale de Tournai) peut passer pour un des plus beaux qu'on puisse
voir. » (*Voyage littéraire de deux religieux bénédictins*, tom. 1, 2e partie, p. 215).

une masse de l'étendue et du poids des triples voûtes qu'ils soutiennent depuis un si grand nombre de siècles. Dix-neuf grandes fenêtres ogivales, dont plusieurs sont ornées de vitraux peints remarquables par leur ancienneté, complètent la décoration de cet admirable chœur, dont les murs extérieurs sont soutenus par de doubles arcs-boutants [1].

Le grand portail de la cathédrale de Tournai paraît avoir été construit vers la même époque que le chœur. Treize arcades en tiers-point lancéolé, dont les impostes retombent sur des pilastres d'un faible diamètre, supportent une plate-forme bordée d'une balustrade composée de petites arcatures en ogive. Les murs du portail, sous ce portique, sont ornés de statues et couverts de figures en haut et en bas-relief représentant les traits principaux de la légende de St-Piat et de St-Éleuthère, premiers apôtres chrétiens du Tournaisis. Les figures inférieures sont aussi anciennes que le portail même, celles des zones supérieures, n'ont été sculptées qu'en 1589; elles ne sont probablement qu'une copie modernisée de celles qui existaient antérieurement, et qui furent détruites par les calvinistes dans la révolution du XVIe siècle. Au-dessus de la plate-forme du porche ou portique que nous venons de décrire, le mur antérieur de la nef de l'église offre une grande arcade simulée et ogivale, embrassant trois longues fenêtres lancéolées, surmontées de trois œils-de-bœuf [2] placés en triangle; il est couronné d'une corniche et flanqué aux angles de deux contreforts peu saillants [3].

ÉGLISE DE St-VINCENT A SOIGNIES.

L'église paroissiale et ci-devant collégiale de la petite ville de Soignie, fut bâtie par St-Vincent-Maldegaire en 650 ou 655, et rebâtie dans

---

[1] Entre les arcades et les fenêtres de la nef centrale du chœur, régnait jadis une très-belle galerie composée d'arcatures ogivales trilobées et géminées, reposant sur des colonnettes. M. Renard, chargé de la restauration de l'église de Notre-Dame, se propose de démasquer cette galerie, qui fut probablement bouchée à l'époque où Louis XIVe, maître de Tournai, ordonna de consolider le chœur au moyen d'énormes barres en fer qui le traversent horizontalement.

[2] Jadis c'étaient, prétend-on, des roses.

[3] On trouve une vue du portail principal de la cathédrale de Tournai, dans le *Voyage pittoresque dans le royaume des Pays-Bas*, tom. I, fig. 190.

l'état où nous la voyons aujourd'hui par St-Brunon, archevêque de
Cologne, en 965 [1]. La grande nef est, comme celle de la cathédrale
de Tournai, séparée de ses bas-côtés par deux rangs d'arcades superposés et à plein-cintre; dans l'une et l'autre de ce églises, les arcades supérieures forment galerie ou tribune au-dessus des collatéraux, mais tandis qu'à la cathédrale de Tournai les arcades reposent toutes sur des piliers carrés, dans l'église de Soignies, les piliers
inférieurs alternent avec des colonnes cylindriques, et les arcades de
la galerie supérieure ne s'appuient que sur des colonnes rondes. Les
nefs de l'église de St-Vincent sont éclairées par de petites fenêtres également cintrées, et n'ont ni arcs-boutants ni contreforts. Le chœur et
les transepts sont moins élevés que le reste de l'édifice, et se terminent
par des murs plats. *Ceux des deux transepts sont percés de trois fené-*
tres à lancettes; des ouvertures semblables se remarquent dans une
chapelle à droite du couloir étroit qui circule autour du chœur en
guise de bas-côté. Ce sont là les seules vestiges de style ogival qu'on
rencontre dans cette église toute romane, ainsi que sa tour carrée placée en tête de la nef.

ÉGLISE DE Ste-CROIX A LIÉGE.

Parmi les nombreuses églises que renferme la ville de Liége, plusieurs sont d'architecture romane; une seule, celle de *Ste-Croix*, appartient en partie au style de la transition. Cette église fut érigée dans
la seconde moitié du Xe siècle, et consacrée par le célèbre évêque Notger, le 23 octobre de l'an 979 [2]. Elle fut reconstruite postérieurement,
mais la tour et l'abside, en tête des nefs, sont indubitablement de la
première époque [3]. La tour, élevée au-dessus de l'abside, est de forme
octogone à toit surbaissé, et percée sur chacune de ses faces de deux
ouvertures cintrées et géminées, inscrites dans un cintre majeur et

---

[1] Ghisleberti *Chron. Hann.*, p. 15. Balderici *Chron. Camerac.*, lib. II, c. 31.

[2] Anselmi *Gesta pontif. Traject. et Leod.*, cap. 52, apud Chapeauville, tom. I, p. 204. *Chroni-
con episcop.*, etc. *Ibid.* in fine volum. ad ann. 979.

[3] Le revêtement extérieur, en pierres bleues, d'une partie de l'abside qui est construite en
calcaire ferrugineux, paraît être néanmoins d'une date un peu postérieure.

bouché. L'abside présente un pentagone *orné d'un rang d'étroites lancettes,* en partie bouchées, surmontées d'une galerie à colonnettes réunies par des arceaux plein-cintre [1]. Le vaisseau de l'église de Ste-Croix est d'un beau style ogival secondaire, et paraît dater du XIVe siècle. On y observe une particularité assez remarquable, c'est que la voûte des collatéraux est beaucoup plus élevée que celle de la grande nef, dont ils sont séparés par des colonnes cylindriques fort élancées et très-légères. Les extrémités des transepts offrent deux grandes fenêtres dont l'ogive est ornée d'une belle rose. De longues et élégantes lancettes, à vitraux peints, éclairent le chœur privé de collatéraux [2].

ÉGLISE DE St-PIERRE A TOURNAI.

Tournai est la ville de la Belgique la plus riche en monuments de la transition; la plupart de ses dix églises paroissiales appartiennent à ce style. Nous ignorons la date de la construction de ces édifices, mais aucun ne paraît postérieur au XIe ou XIIe siècle, et plusieurs même pourraient remonter, au moins en partie, au Xe siècle; telle est l'église de St-Piat et telle était naguère *l'église de St-Pierre,* qui passait pour la plus ancienne église de la ville [3]; elle était tout entière d'architecture romane, mais les quatre faces intérieures de la tour offraient chacune trois arcades simulées à lancettes ogivales légèrement arrondies; l'arcade centrale dépassait en hauteur celles qui lui étaient accolées [4].

ÉGLISE DE St-PIAT A TOURNAI.

L'église de St-Piat paraît remonter à une époque fort ancienne; de grosses colonnes cylindriques, dont les chapitaux très-simples portent

[1] L'abside et la tour de Ste-Croix sont gravées dans le tom. II de l'*Histoire de l'architecture*, par Hope; ce dessin manque d'exactitude comme presque tous ceux qui, dans cet ouvrage, sont relatifs aux monuments de la Belgique.

[2] On trouve une vue de l'extérieur de l'église de Ste-Croix dans les *Délices du pays de Liége.*

[3] Cependant, suivant Cousin, elle fut détruite en l'an 954 par Foulques, évêque de Tournai et de Noyon (Cousin, *Histoire de la ville de Tournay*, tom. II, p. 26). Ainsi, si la ruine de l'église fut complète, sa reconstruction n'a pu avoir lieu que dans la seconde moitié du Xe siècle.

[4] L'état de vétusté de l'église de St-Pierre nécessita sa démolition, il y a peu d'années. M. Renard, chargé de ce travail, a levé un plan exact et dessiné les parties principales de l'édifice.

des arcades ogivales, divisent le vaisseau de l'église en trois nefs. Les fenêtres de la grande nef sont à plein-cintre. Le chœur et les bas-côtés de la nef sont d'une construction postérieure de beaucoup à celle du reste de l'édifice. La tour carrée, terminée en pyramide à quatre pans, est de style roman, mais dans les cintres de ses petites fenêtres à rangs superposés, comme aux tours de la cathédrale, on aperçoit déjà l'ogive, quoique tracée d'une manière peu sensible et pour ainsi dire accidentelle. Le portail était roman pur, mais la porte et les fenêtres ont été bouchées au XIVᵉ ou au XVᵉ siècle, et remplacées par une porte et une grande fenêtre ogivales.

ÉGLISE DE Sᵗ-BRICE A TOURNAI.

L'église de Sᵗ-Brice est un vaisseau de la même étendue à peu près que celui de l'église de Sᵗ-Piat, et partagé comme ce dernier en trois nefs par des arcs en partie plein-cintre et en partie ogivaux; cette église a une haute tour carrée d'architecture ogivale.

ÉGLISE DE Sᵗ-JACQUES A TOURNAI.

L'église de Sᵗ-Jacques est ornée d'une tour de la transition de forme carrée, et couronnée d'une flèche en bois [1]. On y remarque des arcades simulées à plein-cintre et une grande arcade bouchée ogivale et trilobée, dont les lobes ou angles rentrants s'appuient sur des colonnettes engagées. Les arcades en ogive de la nef, qui reposent sur de grosses colonnes cylindriques, sont surmontées d'une galerie formée de colonnettes cylindriques isolées, alternant avec des colonnettes accouplées et supportant des arcatures ogivales. Au-dessus de cette galerie en règne une seconde composée d'arcades lancéolées et de pilastres carrés. Ces deux galeries circulent autour de la nef principale sans être interrompues par la croisée [2]. Le chœur, reconstruit en 1365, est de style ogival secondaire.

---

[1] Cette flèche a été démolie récemment.
[2] Cousin, *Histoire de Tournay*, tom. II, p. 158.

ÉGLISE DE Sᵗ-JEAN A TOURNAI.

Le portail de *l'église de Sᵗ-Jean* est percé de trois fenêtres à lancettes accouplées, surmontées d'un grand œil-de-bœuf bouché. La nef principale, séparée de ses collatéraux par des arcs en ogive et des colonnes cylindriques, est éclairée par une suite de petites fenêtres lancéolées couvertes à l'extérieur de l'église par des arcs ogivaux retombant sur des pilastres carrés. La tour appartient au style de transition.

ÉGLISE DE LA MADELEINE A TOURNAI.

Le chœur de *l'église de la Madeleine*, terminé par un mur plat, reçoit la lumière de huit fenêtres lancéolées et géminées, dont les archivoltes reposent sur des colonnettes engagées. Les fenêtres de la grande nef ont des cintres surbaissés. Les deux extrémités des transepts sont percées chacune de trois lancettes comprises sous un arc plein-cintre, et dont celle du centre est surmontée d'un œil-de-bœuf.

L'intérieur de l'église, partagé en trois nefs par des colonnes cylindriques et des arcs ogives, a été dénaturé par des restaurations modernes.

ÉGLISE DE Sᵗ-QUENTIN A TOURNAI.

De toutes les églises anciennes de Tournai, la plus intéressante après la cathédrale est celle de *Sᵗ-Quentin*, qui fait face à la grande place. Cette église et celle de Pamele à Audenaerde, que nous décrivons plus loin, méritent toute l'attention des archéologues, comme offrant le modèle le plus parfait des édifices religieux construits dans le style de transition [1]. Nous manquons de données historiques sur la date de la construction de l'église de Sᵗ-Quentin comme sur celle des autres églises de Tournai dont il vient d'être parlé. Nous savons

---

[1] L'importance de l'église de Sᵗ-Quentin pour l'histoire monumentale de la Belgique, ne paraît avoir été appréciée par aucun de nos artiste ou de nos écrivains, au moins n'en existe-t-il jusqu'ici aucune gravure ni description. Il en est de même de toutes les autres églises de Tournai, à l'exception de la cathédrale.

seulement qu'elle existait avant le Xe siècle, et qu'elle fut détruite avec l'église de St-Pierre par Foulques, évêque de Noyon et de Tournai, en 954. L'église actuelle semble donc devoir être postérieure à la première moitié du Xe siècle; elle ne daterait même que de la seconde moitié du siècle suivant, si, en 1054, elle partagea le sort de la ville de Tournai, qui fut alors saccagée et ruinée par l'empereur Othon III. Quoi qu'il en soit, l'église de St-Quentin, dans l'état où elle subsiste de nos jours, a la forme ordinaire de la croix latine, et est d'une étendue médiocre. Le portail, terminé en gable ou pignon triangulaire [1], est flanqué de deux tourelles qui règnent sur toute sa hauteur et se terminent pyramidalement. La porte romane, à voussures ornées de tores retombant sur des colonnettes, est surmontée de triples arcades lancéolées, dont celle au centre est plus longue que les deux arcades latérales. De chaque côté de ces dernières se trouve une niche cintrée sans aucune moulure. Ces arcades sont couronnées de trois autres arcades parfaitement semblables; leur ornementation est pareille à celle de la porte, des voussures cannelées et à boudins reposant sur des colonnettes cylindriques. L'intérieur de l'église est formé d'une seule nef qui se termine aux transepts par des arcades ogivales portées sur des colonnes rondes. Le côté gauche de la nef est percé de deux rangs de fenêtres à plein-cintre, couvertes à l'extérieur de l'église par des arcs également cintrés et fortement prononcés. Le côté droit n'a point de jours, mais de grandes arcades simulées à plein-cintre et sans nulle ornementation. Les murs plats qui forment l'extrémité des transepts sont ornés chacun d'un œil-de-bœuf encadré d'un arc en anse de panier et accoudé de droite et de gauche d'une fenêtre en ogive lancéolée dont l'archivolte vient retomber sur des colonnettes. Le chœur, terminé en abside circulaire, est soutenu par des colonnes cylindriques réunies par des arcs ogivaux. Il est éclairé par des fenêtres cintrées; ses bas-côtés le sont par d'étroites lancettes.

---

[1] Ce portail ou façade est la seule partie extérieure de l'église qui soit en évidence ; le reste de l'édifice est caché par des habitations privées, on peut néanmoins faire le tour d'une partie de l'église au moyen d'un passage étroit qui la sépare des maisons voisines.

ABBAYE DE St-BAVON A GAND.

L'abbaye de St-Bavon à Gand, fondée par saint Amand, vers l'an 608, était jadis un des monastères les plus illustres et les plus considérables de la Belgique. L'église abbatiale qui fut réédifiée sur un plan plus vaste et plus beau en 935, ne fut achevée que longtemps après, car ce n'est qu'en 1138 qu'on jeta les fondements de sa tour principale [1]. Lorsque Charles-Quint fit bâtir la citadelle de Gand, en 1540, il ordonna la démolition d'une grande partie de l'église de St-Bavon. Les révolutionnaires du XVIe siècle achevèrent sa destruction complète, de sorte qu'à l'exception de la porte qui communiquait du cloître à l'église, il ne subsiste plus de vestiges de cette dernière. Autant que le grand plan (à vue d'oiseau) de la ville de Gand, dessiné en 1534 [2], permet d'en juger, elle devait appartenir, au moins partiellement, au style de transition, et présenter une croix latine avec un chœur et des transeps peu étendus. La grande tour qui précédait la nef était de forme carrée, et couronnée d'une flèche en bois bordée à sa naissance d'une balustrade aux quatre angles de laquelle s'élevaient quatre clochetons. Trois autres tours à flèche pyramidale, mais d'une moindre élévation et d'un style plus ancien, étaient posées, une au centre des transepts et les deux autres aux deux côtés du chœur. Le cloître de l'abbaye, d'architecture romane, et dont il reste encore des ruines fort curieuses, fut bâti suivant M. Van Lokeren dans la première moitié du IXe siècle (entre les années 813 et 834 [3]), nous le croyons plus récent d'un siècle au moins, car d'après les *Annales de St-Bavon*, publiées par M. le chanoine De Smet, l'abbaye de St-Bavon fut dé-

---

[1] *Annal. St-Bavonis apud De Smet*, CORPUS CHRONIC. FLANDR., tom. I, p. 445 et 448.

[2] Ce plan a été gravé pour la dernière édition de Van Vaernewyck (*Historie van Belgis*, tom. I). Il n'existe pas d'autre gravure qui représente l'ancienne abbaye de St-Bavon; mais M. Van Lokeren dit dans ses notes sur la chronique de Jean de Thielrode, qu'un dessin de ce monastère, fait par Arnould Van Wynendaele, mort en 1592, appartient à M. Delbecq, instituteur à Gand (*Chron. de St-Bavon*, par Jean de Thielrode, p. 161).

[3] *Chron.* de Jean de Thielrode, p. 160.

truite par les Normands en 851 et rebâtie en 937 et 946 [1]. La chapelle octogone de St-Macaire, au milieu du cloître, est aussi de style roman, quoique sa dédicace ne remonte qu'à l'année 1179 [2]. Le vaste réfectoire de l'abbaye, percé de fenêtres ogivales, ne date que du XVe siècle ; il a été converti en église en 1835.

ÉGLISE DE Ste-GERTRUDE A NIVELLES.

L'église du ci-devant Chapitre de Dames Nobles à Nivelles, aujourd'hui paroisse primaire de la ville, fut reconstruite vers la fin du Xe siècle ou dans les premières années du siècle suivant, sur l'emplacement de celle fondée par sainte Gertrude en 645. La dédicace solennelle du nouveau temple, à laquelle assista l'empereur Henri IV, eut lieu en 1047 [3]. L'église de Ste-Gertrude est une vaste basilique de 320 pieds de longueur et d'architecture romane, à l'exception de la tour carrée placée en tête de la nef. Cette tour, d'une construction très-simple et même grossière, ne paraît dater que du XIVe ou du XVe siècle. Elle s'élève à une hauteur de 310 pieds de Nivelles, y compris la flèche en bois qui la couronne et qui passait pour la plus haute du Brabant avant que la foudre en eût enlevé la partie supérieure sur une longeur de 80 pieds [4]. Le chœur, vaste, mais sans collatéraux, et les trois nefs, soutenues jadis par des piliers carrés portant des arceaux plein-cintre, ont été complétement modernisés en 1754 [5]. La grandeur de ce beau vaisseau et l'élévation de ses voûtes en rendent l'aspect fort imposant. L'extérieur de l'église, percé de petites fenêtres cintrées dont les

---

[1] *Corpus chron. Flandr.*, tom. I, p. 443 et 444.

[2] *Ibid.*, p. 448. Le portail de l'ancien château des comtes de Flandre à Gand appartient également au style roman pur, quoique sa construction ne date que de 1181. Nous pourrions citer plusieurs autres monuments de la Belgique, élevés au XIIe et au XIIIe siècle, dans lesquels le plein-cintre règne encore sans mélange de l'ogive.

[3] *Sigeb. Gemblac. chronogr.*, ad ann. 1047.

[4] Avant ce désastre, qui eut lieu en 1804, la hauteur de la tour était de 400 pieds. La flèche, construite en 1643, à la place d'une autre flèche détruite par un ouragan en 1641, est de forme octogone et ornée de vingt lucarnes dont le gable est surmonté de pommeaux dorés.

[5] Ce fut alors que, pour mettre le chœur de niveau avec la nef, on détruisit une grande partie de la crypte dont la construction est attribuée à sainte Gertrude.

impostes s'appuient sur de simples pieds-droits, a conservé intacte sa forme primitive. Au côté gauche du chœur, on voit encore l'ancien cloître du chapitre, après celui de l'église de Notre-Dame, à Tongres, le monument de cette espèce le plus ancien de la Belgique. Il consiste en une cour carrée ou préau entouré d'une galerie à colonnes cylindriques d'un léger diamètre, supportant des arcades cintrées sur trois côtés du quadrilataire, et ogivales sur le quatrième et sur une partie du troisième côté. La construction de ce cloître paraît remonter à la même époque que l'église, à l'exception de la partie en ogive, que nous croyons de la fin du XIe ou du commencement du XIIe siècle [1].

ÉGLISE DE St-DONAT A BRUGES.

Tout ce que nous savons de l'histoire monumentale *de l'église de St-Donat,* ancienne cathédrale de Bruges, c'est que Bauduin Bras-de-Fer, premier comte de Flandre, la fit bâtir en 865 sur l'emplacement d'une petite chapelle consacrée à la vierge [2]. Les annalistes de Bruges gardent le silence le plus complet sur les changements que cette église a dû subir dans la suite. D'après Custis, le chœur d'architecture romane, qui subsistait au siècle dernier, n'était autre que l'église même élevée par Bauduin; mais les gravures qui représentent l'église de St-Donat dans la *Flandria illustrata* et dans les *Délices des Pays-Bas,* ne permettent pas de lui assigner une époque antérieure au XIe siècle [3]. Les nefs de l'église, qui paraissent n'avoir jamais été achevées, étaient d'une étendue médiocre et dans le style ogival du XIVe siècle. Les transepts d'architecture romane étaient très-courts, et la tour élevée au point de leur intersection, fort basse et couronnée d'un toit obtus et à

---

[1] On trouve une vue de l'extérieur de l'église de Ste-Gertrude dans le *Théâtre sacré du Brabant* par Sanderus, édit. de 1726, et un dessin du cloître dans les *Châteaux et monuments des Pays-Bas,* tom. II, n° 158. Cette mauvaise lithographie donne une idée peu exacte de ce monument.

[2] *Chron. de St-Baron.,* CORPUS CHRONIC. FLANDR., tom. I, p. 477. Custis, *Jaerboeken der stadt Brugge,* 1e deel, bl. 40.

[3] Au IXe siècle, les églises, même les plus grandes, se terminaient par une abside circulaire ou angulaire, et non par un chœur long, entouré de collatéraux et soutenu à l'extérieur par des arcs-boutants tel que l'était celui de St-Donat.

quatre pans [1]. Le plan de l'église publié par M. Rudd dans sa *collection des principaux Monuments d'architecture*, etc. *de Bruges*, donne une idée des dispositions intérieures de cet édifice, assez irrégulier et peu digne, sous tous les rapports, du titre d'église épiscopale, qu'il reçut au XVIe siècle [2]. Il ne reste plus aujourd'hui le moindre vestige de l'église de St-Donat, démolie sous le gouvernement français, à la fin du siècle dernier, et dont une promenade décorée de la statue du célèbre peintre Van Eyck occupe l'emplacement.

ÉCLISE DE St-SERVAIS A MAESTRICHT.

L'église de St-Servais à Maestricht, fondée par saint Monulphe, évêque de cette ville, au VIe siècle, et rebâtie au IXe siècle et postérieurement, possède une abside circulaire et cinq tours byzantines fort remarquables [3]. L'intérieur de l'église a perdu en majeure partie son caractère primitif; les arcades de la grande nef ont encore le plein-cintre, mais les fenêtres sont de style ogival secondaire. De ce dernier style est aussi le superbe cloître, d'une conservation parfaite, qui touche à l'église [4]. Mais ce que l'église de St-Servais offre de plus remarquable, et qui seul nous a engagé à parler de ce monument religieux, placé dans une ville aujourd'hui en dehors des limites de la Belgique

---

[1] La tour, qui s'écroula en 1316, doit avoir été plus haute. (Custis, tom. I, p. 312.)

[2] Voir *Itinéraire de l'abbé de Feller*, tom. II, p. 374.

[3] Les auteurs de l'excellent *Annuaire de la province du Limbourg*, publié par la Société des Amis des sciences, lettres et arts, établie à Maestricht, attribuent à Charlemagne la construction du chœur et du grand bâtiment surmonté de trois tours, qui précède la nef de l'église de St-Servais, et prétendent que la grande nef et ses collatéraux datent de l'épiscopat même de saint Monulphe, fondateur de cette église (*Gregor. Turon. de gloria martyr.*, c. 72). Les auteurs de l'*Annuaire* se trompent; car la nef et surtout ses bas côtés sont évidemment d'une construction postérieure de beaucoup à celle des autres parties de l'église. La crypte, placée sous le chœur et détruite en grande partie en 1811, était, suivant toute probabilité, le seul reste de la première basilique érigée en honneur de saint Servais par saint Monulphe.

[4] Ce cloître est formé de trois spacieuses galeries voûtées en tiers-point et à nervures croisées, entourant un préau carré et recevant le jour par de magnifiques et nombreuses fenêtres du dessin le plus riche et le plus élégant. Il fut commencé au XVe siècle par Léonard Rolands, cloîtrier du chapitre, et achevé aux frais de ce dernier.

(où la question posée par l'académie nous oblige de nous renfermer), c'est le magnifique porche en style de transition, par lequel on pénètre dans le côté méridional de l'église. Comme la belle gravure qui reproduit ce porche dans le grand ouvrage de M. Goetghebuer, en donne une idée plus exacte que ne pourrait le faire la description la plus minutieuse, nous nous contenterons d'indiquer en peu de mots les dispositions générales de son plan. Le porche de St-Servais, bâti en hors d'œuvre au bas côté droit de l'église, se présente extérieurement sous la forme d'une petite chapelle (*œdicula*), d'une construction très-simple et dont une porte cintrée en anse de panier et un petit fronton triangulaire, constituent toute la décoration. L'intérieur est d'une tout autre richesse d'ornementation. Il figure un *nartex* ou vestibule d'environ trente pieds de long sur quinze de large, couvert d'une voûte ogivale à nervures croisées. Les deux parois latérales sont décorées chacune de trois arcades romanes et bouchées, dont les archivoltes reposent sur des colonnes cylindriques à chapiteaux affectant l'ordre corinthien. Une corniche ornée de feuilles d'acanthe entablées, sépare ces arcades d'un second rang d'arcades semblables sous lesquelles sont placées trois statues. Ces dernières arcades sont surmontées elles-mêmes de trois statues d'anges. Le fond du porche offre une magnifique et profonde arcade en tiers-point, dont le tympan est rempli de figures en haut relief. Les voussures de l'arc, bâties en retraite, sont décorées de tores, de feuillages et de statuettes, et retombent sur des groupes de colonnettes, contre lesquelles sont posées, sur des plinthes, huit grandes statues de saints. Tel est le superbe porche de St-Servais. Nous avons vainement cherché à trouver la date de sa construction; mais le style de son architecture et celui de son ornementation et de ses sculptures byzantines, nous portent à la fixer au XIe siècle [1].

---

[1] « La suite des souverains assis qui ornent le creux des voussures ogives, soutenues par les colonnes accouplées qui se trouvent aux deux côtés de la porte intérieure, nous semblent représenter des dynasties entières de rois et d'empereurs, tous protecteurs de cette église; peut-être ces derniers ont-ils contribué à l'érection de ce porche, quoiqu'aucun document, que nous

ÉGLISE DE St-PIERRE A YPRES.

L'*église paroissiale de St-Pierre à Ypres*, élevée en 1073 par ordre de Robert-le-Frison, comte de Flandre [1], possède une tour et une porte remarquables en style de transition. La tour, de forme carrée et d'une construction grossière, est placée en avant de la nef de l'église. La porte principale, par laquelle on pénètre dans cette dernière, occupe le bas de la tour ; son archivolte plein-cintre est ornée de tores qui retombent de chaque côté sur trois colonnettes, dont les chapiteaux se composent de figures fantastiques et monstrueuses. Plus haut, on voit trois fenêtres cintrées et accouplées, dont les impostes s'appuient sur des colonnettes à chapiteaux pseudo-corinthiens ; elles sont surmontées de deux arcades, également plein-cintre et géminées. Les quatre faces de la tour sont percées chacune de deux ouvertures cintrées, géminées et à colonnettes encadrées dans un arc ogival simulé. Le vaisseau de l'église, rebâti au XIVe ou au XVe siècle, n'offre rien d'intéressant sous le rapport de l'architecture, qui est ogivale secondaire.

ÉGLISE DE St-MARTIN A St-TROND.

L'*église de St-Martin à St-Trond* doit dater du XIe, peut-être même de la fin du Xe siècle. Elle a une tour romane et un portail de la transition à porte lancéolée, surmontée de deux arcades à plein-cintre, simulées et flanquées de colonnettes. Les arcades cintrées des

sachions, n'en indique l'époque. » (*Annuaire du Limbourg*). Les auteurs de l'*Annuaire* conjecturent que la première statue, sur la gauche en entrant, pourrait bien représenter Gerberge, fille de l'empereur Othon-le-Grand, et épouse du prince Sigebert, laquelle se montra très-libérale envers l'église de St-Servais, et fut peut-être la fondatrice de ce portail.

Le *Voyage pittoresque dans le royaume des Pays-Bas* contient une vue de l'extérieur de l'église de St-Servais et de celle de St-Jean qui l'avoisine. Cette dernière église, aujourd'hui temple protestant, est ornée d'une magnifique tour de style ogival secondaire. (*Voyage pittoresque, etc.*, tom. II, n° 89.) Cette belle tour qui, d'après le plan original, devait être couronnée d'une flèche en pierre, découpée à jour, fut construite dans la première moitié du XVe siècle ; on y travaillait encore en 1450.

[1] Gramaye, *Brugœ*, p. 178.

nefs ont pour supports des piliers carrés. L'arc, à droite du chœur, et les fenêtres qui éclairent ce dernier, sont ogivaux; celles de la nef et de ses bas côtés, offrent toutes le plein-cintre.

ABBAYES DE TRONCHIENNES ET DE SAINT-TROND.

L'*église de l'abbaye de Tronchiennes*, près de Gand, et celle de *l'abbaye de St-Trond*, dans la province de Liége, étaient deux constructions très-importantes du XIe et du XIIe siècle, mais dont, faute de documents, nous ne pouvons donner la description architectonique; nous devons donc nous borner à rapporter ce que les chroniques de ces monastères nous apprennent sur l'époque de la construction ou de la reconstruction de ces édifices.

L'*abbaye de Tronchiennes*, fondée par saint Amand, en 606, avait été détruite par les Normands au IXe siècle, et rétablie par Bauduin-le-Chauve, comte de Flandre, en 884 [1]. En 1075, Folcard, prévôt de Tronchiennes, entreprit la reconstruction de l'église de son monastère, sur un nouveau plan plus étendu et plus beau [2]. Godezon, son successeur, continua les travaux en 1088 [3]; mais la dédicace de l'église n'eut lieu qu'en 1174. L'abbé Gilles fit bâtir un nouveau chœur en 1552, et en 1579 la commune révolutionnaire de Gand vendit l'église et tous les bâtiments claustraux, avec la clause que l'acquéreur les ferait démolir complétement dans l'espace de sept semaines; il n'en restait plus de vestiges lorsqu'au siècle suivant les religieux de Tronchiennes, qui s'étaient retirés à Gand pendant les troubles, relevèrent leur ancien monastère, qui a été converti depuis ces dernières années en noviciat des jésuites.

Suivant l'ancienne chronique de *l'abbaye de St-Trond*, écrite au XIIIe siècle par Rodolphe, abbé de ce monastère, l'église et une partie ·

---

[1] *Descriptio de origine conventus postea abbatiæ trunchinensis.* (De Smet, CORPUS CHRONIC. FLANDR., tom. I, p. 592 et 593.)

[2] *Ibid.*, p. 597.

[3] *Ibid.*, p. 599.

des bâtiments de l'abbaye furent rebâties avec la plus grande magnificence par l'abbé Adelard II, dans la seconde moitié du XIe siècle [1]; la chronique ne donne point la description de ces édifices, qu'un incendie renversa de fond en comble en 1085 [2]. Il s'était à peine écoulé un an depuis ce désastre, lorsque l'armée de Henri, évêque de Liége, réduisit en cendres toute la ville de St-Trond, le peu de bâtiments de l'abbaye que le premier incendie avait épargnés, et ceux que l'abbé Lanzon avait commencé à contruire [3]. L'abbé Thiéri, élu en 1099, entreprit la restauration des cloîtres et celle de la crypte et du chœur de l'église, qui furent consacrés en 1102. Rodolphe, son successeur et auteur de la chronique dans laquelle nous avons recueilli ces détails, continua les travaux; il acheva en grande partie l'église dont la dédicace se fit le 28 septembre 1117 [4]. Ici s'arrêtent les renseignements que la chronique de St-Trond fournit sur l'histoire monumentale de cette abbaye. Nous avons cherché inutilement dans d'autres écrits quelques documents sur les travaux de reconstruction ou de restauration, entrepris pendant le moyen âge à l'église et aux bâtiments du monastère. Ces derniers furent rebâtis en style moderne en 1752. L'église, qui avait conservé la forme ancienne, fut aussi modernisée en grande partie vers 1779. Après la suppression de l'abbaye, en 1796, l'église a été rasée jusqu'aux fondements, à l'exception de la tour carrée, d'une construction fort simple et couronnée d'une flèche en bois, refaite en 1779 [5].

---

[1] *Chron. abbatiæ trudon.*, lib. II, apud d'Achery, *Spicileg.*, tom. II, p. 663.

[2] *Anno tertio prælationis ejus (Lanzonis) super nostros, septimo idus Martii, combustum corruit mirificum illud et pulcherrimum opus monasterium nostrum, quod incomparabilibus in hac nostra terra columnis et tectura irrecuperabili bene consummaverat pia sollicitudo abbatis Addelardi II..... Cecidit igitur tandem, cecidit illud monasterium, cujus simile amplius nostrum non habebit cœnobium, illæque mirabiles columnæ super quibus labor, expensæ, studium, opus, pulchritudo, magnitudo referri digne vix potest, ita funditus igne resolutæ corruerunt, ut de duodecim reformari non posset una similis prædictarum.* Ibid., p. 666.

[3] *Chron. trud.*, Ibid., p. 668.

[4] *Chron. trud.*, Ibid., pp. 696 et 704.

[5] La tour qui existait dans la dernière moitié du XIe siècle, était remarquable par son élévation et la solidité de sa construction. *Ibid.*, p. 668.

La tradition attribue l'origine de *l'église de Notre-Dame,* à Bruges, à une petite chapelle fondée par saint Boniface, vers l'an 745 [1]. En 1091, cette chapelle fut érigée en collégiale, et c'est alors, ou peu d'années après, que l'on jeta les fondements d'une église plus vaste, dont le chœur fut achevé par ordre de Charles-le-Bon, comte de Flandre, en 1119 [2]. Cette église, ou du moins les nefs, fut reconstruite de nouveau, telle qu'elle existe encore en grande partie, dans l'année 1180, par Gertrude, veuve de Rodolphe, seigneur de Gruthuse, châtelain et vicomte de Bruges, et par Jean de Gruthuse, son fils. La dédicace de ce temple eut lieu en 1185 [3].

L'église de Notre-Dame de Bruges, longue d'environ trois cents pieds, est divisée en quatre nefs, par quatre rangs de colonnes, composées de longues et minces colonnettes cylindriques à chapiteaux pseudo-corinthiens, réunies en faisceau [4]. Dans le chœur, les colonnes en faisceaux alternent avec de grosses colonnes rondes. Le *triforium,* qui règne au-dessus des arcades en tiers-point, tant de la nef principale que du chœur, est formé d'arcades à cintres surbaissés, retombant sur des pilastres carrés. L'extérieur de l'église n'offre de remarquable qu'un joli portail de style ogival secondaire, placé au transept gauche, et une haute tour posée en tête des nefs. La partie carrée de cette tour, commencée en 1230 et achevée en 1297, appartient au style de transition. Sa lourde flèche massive, et construite en briques, comme le reste de l'église, ne fut élevée qu'en 1522. Les qua-

---

[1] Delpierre, *Guide dans Bruges,* 2ᵉ édit., p. 66.

[2] Custis, *Jaerboek. van Brugge,* 1ᵗᵉ deel, bl. 118.

[3] Beaucourt de Noortvelde, *Description de l'église de Notre-Dame à Bruges,* p. 18. De Reiffenberg, *Essai sur la statistique ancienne de la Belgique,* 2ᵉ partie, p. 113.

[4] Au second collatéral gauche, on remarque plusieurs arcades en fer à cheval et des demi-colonnes cylindriques à chapiteaux ornés de volutes en crochets. Le second collatéral droit est formé de colonnes semblables et d'arcades en ogive lancéolée. Ces constructions, plus anciennes que les autres parties de l'église, sont, suivant toute probabilité, un reste de l'église rebâtie vers la fin du XIᵉ ou au commencement du XIIᵉ siècle.

tre clochetons qui flanquaient la base de cette flèche furent démolis en
1760. L'élévation totale de la tour était de 432 ou 442 pieds (de Bruges);
mais dans les dernières années, on a tronqué le sommet de la flèche [1].

ÉGLISE DE St-SAUVEUR A BRUGES.

On donne pour fondateur à l'*église de St-Sauveur*, cathédrale actuelle de Bruges, saint Éloi, évêque de Noyon, vers l'année 652. Ré-
duite en cendres au commencement du XIIe siècle, l'église de St-Sauveur
fut rebâtie immédiatement après et consacrée le 27 avril 1127. Un se-
cond incendie ravagea cette église le 13 avril 1358 [2]; mais les dom-
mages causés par ce désastre paraissent s'être bornés à la destruction
des voûtes et des matières combustibles de l'édifice, l'église existante de nos jours, de style roman et ogival, étant évidemment d'une
époque antérieure au XIVe siècle, à l'exception des chapelles qui
entourent le chœur et de quelques autres parties qui sont d'une date
beaucoup plus récente.

L'église de St-Sauveur, construite tout entière de briques, offre
un grand et beau vaisseau en croix latine, mais dont les triples nefs
ne sont pas proportionnées à l'étendue considérable du chœur. La
grande nef et le chœur sont séparés de leurs collatéraux par des piliers
autour desquels se groupent en faisceaux de demi-colonnes cylindriques. De longues arcades lancéolées et trilobées, dont les archivoltes
reposent sur des pilastres carrés dans la nef, et sur des colonnettes
cylindriques dans le chœur, composent la galerie ou *triforium*. Les
chapelles de style ogival flamboyant qui entourent le chœur paraissent une addition faite vers la fin du XVe ou au commencement du
XVIe siècle. Les voûtes, tant du chœur que des nefs, sont ogivales
et à nervures croisées. Des arcs-boutants soutiennent, à l'extérieur de

---

[1] Vues de l'église de Notre-Dame à Bruges dans la *Flandria illustrata*, tom. 2, et en tête de
la *Description de l'église de Notre-Dame*, par Beaucourt de Noortvelde.

[2] Gramaye, *Brugæ*. Delpierre, *Guide dans Bruges*, p. 48. Sanderus, *Flandria illustr.*, tom.
2, p. 87.

l'église, la grande nef dont les hauts combles sont bordés d'une corniche, portée par une suite de petites arcatures feintes, en partie plein-cintre et en partie ogivales, appuyées sur des modillons. En tête de l'église s'élève une tour carrée, de hauteur médiocre et de style roman. Les deux portes du temple, aux extrémités des transepts, sont couvertes d'un arc également plein-cintre à voussures ornées de tores. Deux arcades bouchées, lancéolées et géminées, sont inscrites dans le tympan de l'arc qui couvre la porte du transept septentrional. On remarque encore les deux grandes et belles fenêtres en ogive secondaire et d'un dessin particulier, qui sont percées dans les transepts au-dessus de ces portes. Les autres parties extérieures de l'église ne donnent lieu à aucune observation [1].

ÉGLISE DE L'ABBAYE D'AFFLIGHEM.

La vaste et belle *église de l'abbaye d'Afflighem*, près d'Alost, avait été bâtie entre les années 1122 et 1144 [2]. D'après la gravure qui représente cette abbaye, dans la *Brabantia sacra* de Sanderus, le portail, flanqué de deux tours carrées, appartenait au style de transition, les nefs et les transepts à celui de l'ogive à lancettes. A l'extérieur de l'église, des contreforts très-peu saillants séparaient chaque fenêtre de la nef et de ses bas côtés. La corniche qui régnait au-dessus de ces derniers et autour des transepts, ainsi que celles qui ornaient les tours à la façade, reposaient sur des dents de scie. Le chœur, qui égalait presqu'en étendue la partie antérieure de l'église, avait été bâti en 1204, et paraissait d'un style plus moderne. L'intérieur de l'église fut complétement modernisé en 1762, par l'architecte Dewez, qui donna aussi le plan des bâtiments de l'abbaye, reconstruits en 1770 avec une magnificence vraiment royale. Ceux qui existaient anté-

---

[1] Gravure représentant l'église de St-Sauveur dans la *Flandria illustrata*, par Sanderus, tom. 2, p. 82. Vue de l'intérieur de l'église dans les *Plans, coupes, etc, des monuments de Bruges*, par M. Rudd.

[2] *Abbas Franco locum multis decoravit œdificiis et singulariter basilica insigni ac magnifico opere.* (Continuatio chron. Afflig. apud d'Achery, *Spicileg.*, tom. 2.)

rieurement dataient en partie du XIIe et en partie du XIIIe siècle [1]. Depuis la suppression des ordres monastiques, en 1796, l'abbaye d'Afflighem a été presque entièrement rasée par l'avide spéculateur qui en avait fait l'acquisition.

ÉGLISES DE St-NICOLAS ET DE St-JACQUES A GAND.

Les *églises paroissiales de St-Nicolas et de St-Jacques*, à Gand, fondées, la première en 1040, et la seconde vers l'an 1100, devinrent toutes deux la proie des flammes en 1120 et furent reconstruites peu de temps après sur un plan beaucoup plus vaste; on les compte aujourd'hui parmi les églises les plus belles et les plus remarquables de cette seconde ville de la Belgique [2].

L'église de St-Nicolas, telle qu'elle fut réédifiée au XIIe siècle, était construite en style de transition; il lui reste encore de cette époque le portail principal et les murs de la grande nef. Le portail est percé d'une grande porte à plein-cintre et à voussures ornées de tores, surmontée d'une longue fenêtre ogivale, et se termine par un gable triangulaire. Ses angles sont dissimulés par deux tourelles rondes, ornées de plusieurs rangs superposés de petites arcades retombant sur des colonnettes, et dont les unes sont en plein-cintre et les autres en ogive trilobée. La grande nef était éclairée jadis par une suite d'étroites fenêtres romanes qui sont aujourd'hui bouchées. Les portails latéraux aux deux transepts sont bâtis à peu près sur le même plan que le portail principal, mais de style ogival. Les autres parties de l'église ont été refaites la plupart en 1427, par deux architectes gantois, Liévin Boene et Jean Colins [3]. L'intérieur de l'église de St-Nicolas présente un vaisseau assez vaste, partagé en trois nefs par deux rangs de colonnes en faisceau. Les arcades du chœur reposent sur des

---

[1] Vue de l'abbaye d'Afflighem dans la première édition de la *Brabantia sacra*, par Sanderus.

[2] Gand possède encore de nos jours plus de quarante églises et chapelles; c'est une des villes de la Belgique où le vandalisme révolutionnaire a exercé le moins de ravages.

[3] Diericx, *Mémoires sur la ville de Gand*, tom. 1, chap. IV. Steyaert, *Beschryv. der stad Gend*, bl. 86.

colonnes cylindriques. La tour, qui s'élève à l'intersection du chœur et des transepts, fut bâtie en 1406 sur les plans de l'architecte Thierri de Steenhoukefelde [1]. Elle est de forme carrée, flanquée aux angles de longues et minces tourelles rondes, et percée sur chacune de ses quatre faces de quatre fenêtres ogivales, géminées et superposées. Cette tour, couverte aujourd'hui d'un toit pyramidal à quatre pans, était autrefois couronnée d'une haute flèche en bois [2].

L'église de St-Jacques appartenait primitivement, comme celle de St-Nicolas, au style de transition; mais à l'exception de la tour et de quelques restes du portail, l'extérieur de cet édifice a perdu totalement sa forme première. Aux angles du portail, on remarque encore deux tourelles romanes, dont l'une est couverte d'un toit à quatre pans, et l'autre d'une petite flèche pyramidale, bordée de crochets. La tour de l'église, posée au point d'intersection des transepts, est de forme octogone, percée de deux rangs de fenêtres lancéolées, à ogives arrondies et couronnée d'une haute flèche en bois. L'intérieur de l'église de St-Jacques, qui n'a pas été moins en but aux mutilations des architectes restaurateurs du XVIIe siècle, est vaste et partagé en quatre nefs, par quatre rangs de colonnes cylindriques, dont celles de la nef centrale sont courtes et d'un diamètre considérable; celles qui supportent les arcades des collatéraux ont plus de légèreté, et paraissent d'une construction plus récente. Le chœur est évidemment la partie la plus moderne de l'église, et ne paraît pas antérieur à la fin du XVe siècle. Ses voûtes sont plus exhaussées que celles des nefs, et au-dessus de ses arcades en ogive règne une galerie, composée de trèfles encadrés et à lobes arrondis [3].

---

[1] De Reiffenberg, *Essai sur la statistique ancienne de la Belgique*, 2e partie, p. 116.

[2] Voir la gravure qui représente l'église de St-Nicolas dans la *Flandria illustrata*, et les dessins qui la figurent telle qu'elle existe aujourd'hui dans le *Voyage pittoresque dans le royaume des Pays-Bas*, tom. II, no 83, et le *Guide de la ville de Gand*, par M. Voisin. On a aussi une belle gravure de cette église par M. Goetghebuer.

[3] Vue de l'église de St-Jacques, dans la *Flandria illustrata* de Sanderus.

ÉGLISE DE NOTRE-DAME DE LA CHAPELLE A BRUXELLES.

Vers l'année 1130, Godefroid-le-Barbu, duc de Brabant, fit élever hors de l'enceinte de Bruxelles une chapelle qu'il dédia à la Vierge [1], et dont en 1134, il conféra le patronage à l'abbaye du St-Sépulcre, à Cambrai [2]. Cette chapelle ayant été érigée en paroisse en 1210, sous la dénomination de *Notre-Dame de la Chapelle,* on en construisit, dans la suite, la partie antérieure sur une plus vaste échelle. Le chœur et les transepts continuèrent à subsister dans leur ancienne forme, et sont encore aujourd'hui au nombre des rares édifices en style de transition qu'on trouve dans les villes du Brabant. Les transepts ornés d'arcades simulées et à plein-cintre, et d'une corniche posant sur de petites arcades en demi-relief, ne présentent d'autres traces du style ogival que la porte, d'une construction toute récente, et les deux fenêtres ajoutées probablement lorsqu'on rebâtit les nefs de l'église. Le chœur, qui se termine en abside pentagone, a des fenêtres plein-cintre dont les voussures ornées de tores reposent sur des colonnettes engagées; deux de ces fenêtres, aujourd'hui bouchées, embrassent deux lancettes géminées; il est probable que des lancettes semblables, surmontées d'une rosace pareille à celle qui existe aussi dans une des fenêtres bouchées, étaient inscrites dans toutes les fenêtres du chœur. La corniche, qui règne le long du toit de ce dernier, est ornée de feuilles entablées et de modillons à têtes grimaçantes. Cette corniche est coupée, de distance en distance, par des gargouilles en pierre. L'intérieur du chœur est peu étendu et sans collatéraux; les retombées de sa voûte ogivale et à nervures croisées s'appuient sur des colonnettes à chapiteaux pseudo-corinthiens, placées entre les fenêtres. Les belles nefs de l'église, de style ogival, furent reconstruites entre les années 1421 et 1483. Elles sont formées de deux rangs de colonnes cylindriques à chapiteaux ornés de feuilles de chou frisée et éclairées par de grandes et belles fenêtres rayonnantes et

---

[1] Dans les anciens titres, cette chapelle porte le nom de *Capella beatæ Mariæ Virginis extra muros.*
[2] *Miræi diplom.,* lib. I, chap. 54; Vangestel, *Descript. episcop. Mechl.,* tom. I, p. 26.

flamboyantes, toutes d'un dessin différent. Au-dessous de celles qui éclairent la nef principale, sont des galeries en forme de balustrade et ornées de découpures flamboyantes. Les tympans des gables, qui couronnent extérieurement les chapelles des bas côtés, offrent de triples arcades simulées et lancéolées, dont celle du centre est plus élevée que les lancettes latérales. La façade principale de l'église présente une porte en ogive dont l'archivolte est garnie d'une guirlande de feuillages, surmontée d'une vaste fenêtre bouchée et subdivisée par des meneaux flamboyants. Deux autres fenêtres moins grandes flanquent la porte de droite et de gauche. La haute tour carrée, qui surgit au centre de ce portail, est restée inachevée.

ÉGLISE DE Sᵗ-JEAN AU MARAIS, A BRUXELLES.

La ville de Bruxelles possède une autre église de la transition, *l'ancienne église de Sᵗ-Jean au Marais*, dépendante de l'hôpital de ce nom, et convertie en salle d'infirmerie depuis la fin du siècle dernier. Cette église fut consacrée en 1131, par le pape Innocent II, obligé de quitter l'Italie pendant le schisme de l'anti-pape Pierre-Léon, dit Anaclet II [1]. L'église de Sᵗ-Jean, bâtie en croix latine n'avait qu'une seule nef d'une longueur peu considérable; elle était d'une construction fort simple et éclairée de chaque côté par un rang de petites fenêtres cintrées. Le chœur et la croisée ont des ouvertures ogivales. L'intérieur de l'église et la façade jusqu'au-dessous du gable, dont le tympan est orné de quelques arcades plein-cintre simulées, ont été modernisées dans le goût de la fin du XVIIᶜ siècle. Au point de réunion de la nef et du chœur s'élève une tour carrée, d'une hauteur médiocre et percée d'étroites lancettes géminées. A la place de la flèche moderne qui la couronne, devait se trouver primitivement un toit surbaissé et à quatre pans.

BEFFROI DE GAND.

Une des prérogatives des villes qui jouissaient des droits de com-

---

[1] L'abbé Mann, *Histoire de Bruxelles*, tom. 1, p. 21.

mune, au moyen âge, était de pouvoir ériger une tour, appelée beffroi, et d'y suspendre un bourdon ou tocsin, qu'on sonnait en cas
d'incendie ou pour appeler les bourgeois aux armes, lorsque la commune était menacée de quelque danger [1]. Dans le principe, la plupart
de ces tours n'étaient construites qu'en bois; les premiers beffrois de la
Belgique, qui, à notre connaissance, ont été bâtis en pierres, sont
ceux de Gand et de Tournai [2]; ce sont en même temps les plus anciens
de nos édifices publics connus, d'une destination profane et de style
ogival, qui méritent une mention particulière.

La première pierre du beffroi de Gand fut posée le 28 avril 1183,
par Siger, châtelain de cette ville. Les travaux, souvent interrompus,
ne furent terminés qu'en 1333 ou plutôt en 1339. Ce monument, plus
remarquable par son antiquité et par les souvenirs historiques qui
s'y rattachent que par la beauté de son architecture, est une tour carrée, haute et étroite, construite en pierres de taille et dont trois des
quatre faces offrent chacune dix fenêtres à lancettes, divisées en cinq
rangs ou étages, superposés les uns aux autres; quatre de ces fenêtres embrassent chacune deux lancettes plus étroites, séparées par
des meneaux en guise de colonnettes et supportant une petite rose à
quatrefeuilles. Les autres fenêtres forment des lancettes simples et
sont bouchées la plupart. Du reste, le beffroi de Gand, dans son état
actuel, n'est élevé qu'aux deux tiers de la hauteur qu'il devait avoir,
suivant le plan déposé aux archives de la ville [3]. D'après ce plan, la

---

[1] On lisait jadis sur le bourdon du beffroi de Gand, nommé Roland, et qui fut fondu en 1314,
le distique suivant :

> *Mynen naem is Roelant, als ick clippe dan is 't brandt,*
> *Als ick luyde, dan is 't storm in Vlaenderlandt.*

[2] Toutes les villes de commune n'ont pas possédé de beffroi; mais alors la tour de l'église
principale, ou celle de l'hôtel de ville, en tenait lieu ; c'est sans doute pour ce motif que la tour
de l'église de Notre-Dame à Anvers, celle de l'église de St-Pierre à Louvain, et plusieurs autres,
ont été construites en partie aux frais des villes auxquelles elles servaient de beffroi.

[3] Ce plan qui paraît avoir été confectionné au XIVme siècle, lorsque le beffroi était déjà depuis longtemps en construction, est gravé dans le *Recueil d'antiquités gauloises*, par le chanoine
De Bast. Une gravure, représentant le beffroi tel qu'il existe et tel qu'il devait être construit,
accompagne l'excellente notice que M. Van Lokeren a consacrée à ce monument, dans le *Messager des sciences historiques de la Belgique*, année 1839.

partie du beffroi restée inachevée et à laquelle on substitua la mesquine et informe construction en bois dont on a démoli récemment la toiture, aurait différé du reste de la tour par la richesse de son ornementation. « Si ce plan, dit M. Van Lokeren, eût été exécuté dans son entier, le beffroi de Gand aurait offert, par l'ensemble et l'élégance de ses proportions, un des édifices de ce genre le plus remarquable de l'Europe; ses sveltes clochetons, entourés de légères galeries découpées à jour, lui auraient donné un aspect tout à fait aérien. La grande fenêtre trilobée est d'une richesse de composition peu commune, et les animaux fantastiques, qui devaient orner ses côtés [1], auraient concouru à en augmenter la légèreté [2]. »

BEFFROI DE TOURNAI.

Nous ignorons la date précise de la construction du *beffroi de Tournai*, date qui n'est indiquée par aucun des historiens de cette ville ni par quelque autre écrivain. Meyer, en parlant de ce monument, se contente de dire qu'il fut brûlé en 1491, à quoi Poutrain ajoute qu'il fut reconstruit immédiatement après sur ses anciens fondements et sur le plan primitif, « avec la différence, dit-il, que la partie supérieure, qui était une plate-forme couverte de plomb, portant un pavillon à l'un des coins pour le guet, fut surhaussée d'un clocher dont la girouette est un dragon ailé de six pieds de diamètre [3]. » Toutefois le but dans lequel le beffroi de Tournai fut érigé ne peut faire remonter sa construction à une époque antérieure à la fin du XIIe siècle. En effet, ce fut en 1187 que la ville obtint de Philippe-Auguste une charte de commune, et par les articles 39 et 40 de cette charte, le roi accorde aux bourgeois de Tournai le droit d'ériger un beffroi [4]; preuve évidente qu'il n'en existait pas auparavant. C'est

---

[1] M. Van Lokeren entend par là les gargouilles qui figurent sur le plan du beffroi et ornent la toiture de cet édifice.

[2] *Messager des sciences historiques de la Belgique*, 3e série, tom. I, p. 236.

[3] Poutrain, *Histoire de la ville de Tournai*, p. 86 et 265.

[4] *Præterea eisdem hominibus tornacensibus concessimus ut campanam habeant in civitate in loco idoneo ad pulsandum ad voluntatem eorum pro negotiis villæ.*

donc à la fin du XIIe ou au commencement du XIIIe siècle, que nous devons fixer la construction de ce monument, ce en quoi s'accorde parfaitement le style de son architecture. Le beffroi de Tournai offre comme celui de Gand, une haute tour carrée, flanquée aux angles de quatre contreforts circulaires. Le côté extérieur, qui fait face à la grand'place de la ville, est percé d'une porte ogivale, surmontée de deux lancettes géminées, au-dessus desquelles s'élève une troisième fenêtre ogivale, mais plus large, dont le sommet se perd sous un grand arc également en ogive qui embrasse toute la largeur de la tour, et dont les courbes posent sur les deux contre-forts qui s'appuient contre les angles du beffroi. Cet arc paraît être une addition faite au bâtiment primitif après l'incendie de 1391.

Les beffrois ne sont pas les seuls monuments dont la construction est due à l'établissement des communes; nos villes sont également redevables à cette célèbre institution politique de leurs hôtels municipaux et de leurs halles. Les plus anciens de ces édifices qui existent encore de nos jours sont l'*ancien hôtel de ville d'Alost* et la halle, aujourd'hui l'*hôtel de ville d'Ypres*.

ANCIEN HÔTEL DE VILLE D'ALOST.

Le millésime de 1200, inscrit sur la tour de l'*ancien hôtel de ville d'Alost* [1], n'est pas la date de la construction de cette tour, qui ne fut bâtie qu'en 1487, mais pourrait être celle du corps du bâtiment, et particulièrement de ses faces latérales et postérieures. L'ancien hôtel de ville d'Alost présente un bâtiment carré, d'une étendue médiocre et parfaitement isolé. Le côté latéral droit est orné de deux rangs de fenêtres bouchées, formant des lancettes trilobées; leurs impostes reposaient jadis sur des colonnettes dont il n'existe plus que quelques chapiteaux. Les côtés gauche et postérieur sont éclairés par des fené-

---

[1] Ce bâtiment est aujourd'hui sans destination, mais dans un bon état de conservation. Le nouvel hôtel de ville, à peu de distance de l'ancien, a une très-belle façade, construite, il y a peu d'années, sur les dessins de M. Roeland.

tres carrées, divisées en croix par des meneaux. La façade principale,
d'une construction fort simple, est couronnée d'une charmante balustrade composée d'arcatures ogivales, surmontées de créneaux. A
droite de la façade est un avant-corps en hors d'œuvre, terminé en
terrasse bordée d'un balcon ou tribune, où se faisaient autrefois les
publications de la loi. Ce pavillon, construit probablement au commencement du XVIᵉ siècle, est richement ornementé en style flamboyant.
La tour, placée à l'angle opposé de la façade, est de forme carrée,
et se termine en plate-forme, entourée d'une balustrade composée
de quatrefeuilles encadrées alternant avec des trèfles. Au-dessus de
cette plate-forme s'élève une jolie tourelle octogone, percée de huit
ouvertures ogivales. A la face intérieure de la tour, on voit deux niches flanquées de pinacles, et dont les archivoltes sont ornées de
crochets et d'un panache. Elles contiennent deux statues de guer-
riers, dans le costume du XVᵉ siècle. Au-dessous de ces niches, on
lit la devise *nec spe nec metu*, et le millésime de 1200.

HALLE OU HÔTEL DE VILLE D'YPRES.

La première pierre de la halle, aujourd'hui *hôtel de ville d'Ypres*,
fut posée le 1ᵉʳ mars 1201 (nouveau style), par Bauduin de Constantinople, comte de Flandre; par la comtesse de Champagne, son
épouse; et par Erlebalde ou Herlibalde, grand bailli d'Ypres. Sa cou-
struction dura plus d'un siècle et ne fut terminée qu'en 1304 [1]. Par
son étendue, sa régularité, son isolement et la beauté de ses proportions, ce superbe monument de style ogival primaire, témoin irrécusable de l'immense prospérité dont la commune d'Ypres jouit au
XIIIᵉ et au XIVᵉ siècle, produit l'effet le plus noble et le plus impo-

---

[1] Suivant M. Lambin, le beffroi qui s'élève au centre de la façade est la partie la plus ancienne de la halle. L'aile gauche du bâtiment, connue sous la dénomination de vieille halle,
aurait été achevée en 1230; l'aile droite, appelée la nouvelle halle, fut commencée en 1285, et
terminée en 1304. Le côté droit de la façade postérieure, dit la conciergerie, n'a été bâti qu'en
1342. (Lambin, *Mémoire sur la halle aux draps d'Ypres*, dans les MÉMOIRES DE LA SOCIÉTÉ DES ANTI-
QUAIRES DE MORINIE, tom. I.)

sant. Il a la forme d'un trapèze irrégulier de 133 mètres 10 centimètres ou 484 pieds, ancienne mesure d'Ypres, dans sa plus grande longueur. La façade principale, qui borde la grand'place de la ville, se compose d'un rez-de-chaussée, offrant autrefois une galerie couverte, soutenue par des colonnes [1], et de deux étages percés de deux rangs de fenêtres, modèles d'élégance et remarquables par la pureté de leurs profils. Elles sont formées d'une ogive maîtresse, renfermant deux lancettes séparées par une colonnette, et surmontées d'une petite rose en quatrefeuille. Aux fenêtres du second étage, ces quatrefeuilles alternent avec des trèfles. Des créneaux, soutenus par des consoles sur lesquelles étaient sculptées des têtes d'enfants avant la dernière restauration de la halle en 1822, règnent le long du toit et sont terminés par deux tourelles octogones, ornées de crochets et placées en encorbellement aux angles de la façade. Entre les fenêtres du premier étage, on posa, en 1513, des deux côtés du perron à doubles rampes par lequel on monte à l'hôtel de ville [2], douze statues en pierre et de grandeur naturelle, des comtes et comtesses de Flandre qui avaient régné pendant les deux siècles précédents. Ces statues furent renversées et détruites lorsque le général français O' Morean s'empara de la ville d'Ypres, le 13 décembre 1792. Le beffroi, ou tour carrée qui occupe le milieu de la façade, est percé de trois étages de fenêtres pareilles à celles de cette dernière, et surmonté d'un toit pyramidal à quatre pans obtus et d'une tourelle portant un dragon en bronze. Les quatre angles de la tour sont flanqués de quatre tourelles de même forme que celles qui décorent la façade. L'arête du toit est orné d'un feston à feuilles de trèfles en moellon. L'ordonnance qui règne au côté gauche, et à une partie de la face postérieure de la halle, est conforme à celle de la façade antérieure; il en est de même des bâtiments qui entourent la cour intérieure de l'édifice. Le bâ-

---

[1] « Les pièces au rez-de-chaussée étaient jadis ouvertes et percées d'arcades, formées par les cintres des voûtes; cette ouverture devait faire un beau coup d'œil, attendu que toute la halle paraissait reposer sur des colonnes. » (Lambin, *Mémoire sur la halle*, p. 79).

[2] Ce perron, placé au centre de la façade, est moderne et a été reconstruit en 1822.

timent en style moderne, qui est adossé au petit côté droit de la halle, n'a été construit qu'au XVIIe siècle. L'intérieur de l'hôtel de ville d'Ypres ne contient de remarquable qu'une salle immense, bâtie en équerre et dont le côté le plus long a 50 mètres d'étendue, et le côté opposé 30 mètres [1].

ABBAYE DE VILLERS.

Les premiers bâtiments de ce célèbre monastère, fondé par saint Bernard, en 1147, au centre d'une épaisse forêt [2], à trois quarts de lieue de Genappe, ne présentaient que de pauvres chaumières construites en terre, à l'exception d'un oratoire en pierre, élevé, dit-on, par le saint fondateur lui-même. Ce ne fut qu'en 1197 que l'abbé Charles entreprit de remplacer ces informes constructions par des bâtisses plus solides [3]. Nous n'avons trouvé indiquée nulle part l'époque à laquelle furent jetés les fondements de l'église; mais à en juger par le style de son architecture, cette église doit avoir été commencée dans les dernières années du XIIe siècle ou au commencement du siècle suivant. Sa consécration eut lieu sous Arnould de Ghistelles, qui remplit la dignité abbatiale entre les année 1271 et 1276. Son successeur, l'abbé Jean, bâtit le nouveau chœur des religieux et la

---

[1] Les gravures qui représentent l'hôtel de ville d'Ypres sont assez nombreuses; la plus belle est celle qui fait partie de l'ouvrage de M. Goetghebuer (*Monuments des Pays-Bas*). On trouve aussi des vues de cet édifice dans la *Flandria illustrata*, dans les *Délices des Pays-Bas* et dans le *Voyage* de Paquet Syphorien.

La partie inférieure de la façade de la boucherie d'Ypres est construite dans le même style que l'hôtel de ville auquel ce bâtiment fait face. L'étage supérieur, bâti en briques, est de style ogival tertiaire.

On remarque aussi dans la rue dite *Zuyd-Straet*, deux antiques maisons avec façades construites en grès, de style ogival primaire et d'une ornementation plus riche encore que l'hôtel de ville. D'après une vieille tradition ces maisons, dont la construction remonte au moins au XIIIe siècle, furent bâties par les Templiers. Quoi qu'il en soit, ce sont là probablement les plus anciennes habitations privées d'architecture ogivale qui existent aujourd'hui en Belgique. (Voir l'article de M. Lambin intit. : *Les Templiers d'Ypres*, MESSAGER DES SCIENCES ET DES ARTS, 2e série tom. II, p. 197.)

[2] Le bois où était bâtie l'abbaye de Villers s'étendait alors jusqu'aux portes de Nivelles. (*Hist. monast. Villar.*, lib. I, cap. I, apud Martene et Durand, *Thesaur. Anecdot.*)

[3] *ibid.*, cap. III.

nouvelle porte du monastère. La construction d'un nouveau dortoir, de l'infirmerie et la reconstruction des cloîtres sont attribuées à l'abbé Robert vers l'an 1287. Dans la première moitié du XVIIIe siècle, l'abbé Jacques Hache agrandit et embellit considérablement son monastère par la construction d'une nouvelle abbatiale, du quartier des étrangers et de plusieurs autres édifices. Vendue à vil prix à l'époque de la suppression de tous les ordres religieux, l'abbaye de Villers fut complétement dévastée et ruinée par le nouvel acquéreur. Les vastes débris de cette splendide demeure monacale offrent au jourd'hui l'aspect le plus imposant et le plus pittoresque, auquel ajoute encore l'agreste solitude dans laquelle ils sont placés.

Quatre constructions du moyen âge sont remarquables parmi les ruines de l'abbaye de Villers, le bâtiment de l'ancienne brasserie, l'église, le grand réfectoire et le cloître.

L'ancienne brasserie, probablement le plus vieux de tous les édifices du monastère encore existants, ne paraît pas d'une date postérieure à la fin du XIIe siècle. Ce bâtiment, construit en style roman, présente un carré long, divisé intérieurement en deux nefs par un rang de grosses colonnes cylindriques, à chapiteaux très-simples sur lesquels reposent les retombées des voûtes à plein-cintre. Les faces latérales de l'édifice sont percées chacune de deux rangs de fenêtres cintrées et superposées. La façade, qui se termine en pignon, a une porte et plusieurs rangs de fenêtres également à plein-cintre [1].

L'église est un monument fort remarquable, moins par la beauté et l'élégance de son architecture, que comme modèle et véritable type du style ogival primaire ou à lancettes. Elle forme une croix latine, longue d'environ 250 pieds (et non de 400 pieds, comme l'ont avancé Gramaye, Sanderus et d'autres auteurs). Les trois nefs sont soutenues par des colonnes cylindriques, à bases rondes et couronnées de chapiteaux qui présentent de longs tambours unis, évasés à leur sommet et sans feuillages. Le triforium est remplacé par une suite de

---

[1] *Inter alia spectabile opus columnis fultum et vetustatem referens, coctioni cerevisiariœ deputatum.* (Gramaye, *Genappia*, p. 25.)

lancettes bouchées, géminées, et dont les archivoltes s'appuient sur des colonnettes engagées. Comme à toutes les églises de style ogival primaire, les bas-côtés n'étaient point bordés de chapelles primitivement, mais au XIVe ou au XVe siècle, on ajouta au collatéral gauche un rang de chapelles qui ont très-peu de profondeur. Les transepts, de la même largeur que la partie antérieure de l'église, sont également partagés en trois nefs par des colonnes cylindriques. Le mur plat, qui termine l'extrémité de chaque transept, est percé au transept méridional d'une grande fenêtre ogivale, embrassant six œils-de-bœuf, ou roses sans meneaux, placés sur trois rangs superposés [1], et au transept opposé d'une fenêtre semblable, surmontant deux longues lancettes géminées. Le chœur, sans collatéraux, est éclairé par des lancettes simples et par des lancettes inscrivant chacune quatre œils-de-bœuf. Une suite d'étroites fenêtres lancéolées règne aussi le long de la nef principale et aux côtés latéraux des transepts. Les murs extérieurs de l'église sont renforcés par des arcs-boutants très-lourds. La corniche, qui bordait le toit repose sur des dents de scie. Le portail, avant sa reconstruction au siècle dernier, appartenait au style de transition, et était aussi pauvre d'ornementation que le reste de l'église [2]. Il n'existe plus de vestiges du clocher octogone en bois qui s'élevait à l'intersection des quatre bras de la croix. La toiture de l'église et sa charpente ont été aussi enlevées, ce qui a entraîné la chute d'une partie de la voûte de la grande nef, du chœur et des transepts. A l'exception du beau portail moderne dont on a arraché le revêtement en pierres bleues, le reste de l'église, grâce à la solidité de sa construction, est dans un état de conservation assez parfaite, et pourra braver encore longtemps les intempéries de l'air, malgré l'abandon complet auquel ce monument religieux est aujourd'hui condamné.

Le grand réfectoire a la forme d'un trapèze d'une étendue assez

[1] Il n'existe en Belgique, à ce que nous sachions, des fenêtres de cette espèce qu'aux seules églises des abbayes de Villers et de Floreffe.

[2] Voir la gravure qui représente l'abbaye de Villers dans la première édition de la *Brabantia sacra* de Sanderus.

considérable, percé sur trois de ses faces de longues lancettes géminées, surmontées d'un œil-de-bœuf, le tout compris dans un arc plein-cintre. La voûte ogivale et à nervures croisées, a totalement disparu. La construction de ce bâtiment paraît remonter à la dernière moitié du XIIIᵉ siècle [1].

Le cloître, dont il subsiste encore des restes considérables, offrait une suite d'arcades ogivales qui entouraient les trois côtés d'un préau. Il était d'architecture ogivale secondaire et devait dater de la seconde moitié du XVᵉ siècle; peut-être ne fut-il même reconstruit qu'au commencement du XVIᵉ siècle, sous l'abbé Denis de Beverdonck, qui fit exécuter de grands travaux de restauration au monastère.

Les édifices, que nous venons de décrire, étaient construits en majeure partie d'un calcaire ferrugineux dont la carrière se trouve dans l'enceinte même de l'abbaye. Les autres bâtiments, dont on voit les débris, étaient tous d'architecture moderne [2].

ABBAYE DE FLOREFFE.

L'*église de l'abbaye de Floreffe*, près de Namur, bâtie en 1165, et brûlée en 1188, avec la plus grande partie des bâtiments claustraux, par Bauduin IV, comte de Hainaut, fut reconstruite peu d'années après et consacrée en 1250 [3]. Cette église, longue de 310 pieds et large de 71 et demi, est bâtie en croix latine et divisée en trois nefs, par

---

[1] Il subsiste, à proximité de ce réfectoire, un autre bâtiment qui paraît plus ancien encore, et qu'on désigne comme ayant été le réfectoire d'hiver; il présente également un carré long, mais moins grand que celui du réfectoire principal, et dont la voûte ogivale et fort basse, repose sur des demi-colonnes cylindriques engagées.

[2] La gravure qui représente l'abbaye de Villers, dans la première édition de la *Brabantia sacra*, donne une idée assez exacte de ce monastère, tel qu'il était au commencement du XVIIᵉ siècle; mais ce dessin est fait à rebours, de sorte que les bâtiments qui y sont figurés à la droite du spectateur, devraient se trouver à gauche. La gravure, dans le *Trésor sacré du Brabant*, offre la vue de l'abbaye après les travaux d'agrandissement et d'embellissement qui y avaient été exécutés au siècle dernier.

[3] Gailliot, *Histoire de la ville et province de Namur*, tom. IV, p. 261 et 253. *Délices du pays de Liége*, tom. Iᵉʳ.

quatorze colonnes cylindriques. Elle est, ou plutôt elle était construite dans le style de transition, car depuis les travaux de restauration ou de modernisation, exécutés en 1770, sur les plans de l'architecte Dewez, l'intérieur de l'église a presque entièrement perdu son caractère primitif. Les nefs et le chœur, soutenus par des contre-forts d'un faible relief, sont éclairés par deux rangs de fenêtres. Les fenêtres inférieures sont des lancettes géminées, surmontées d'un œil-de-bœuf et encadrées par un arc plein-cintre. Les fenêtres du rang supérieur forment des lancettes plus étroites et isolées. L'extrémité des transepts est percée de six petits œils-de-bœuf, couverts d'un arc trilobé. Dans les bâtiments de l'abbaye, occupés aujourd'hui par le petit séminaire du diocèse de Namur, on remarque le cloître carré, entouré d'ouvertures ogivales, et l'ancienne salle, dite des comtes de Namur, ornée de leurs armoiries et partagée en deux nefs, par six colonnes cylindriques, grosses et courtes [1].

ÉGLISE DE St-LAMBERT A LIÉGE.

L'*église de St-Lambert*, ancienne cathédrale de Liége, ne fut d'abord qu'une petite chapelle, édifiée par saint Monulphe, évêque de Maestricht, vers l'an 580, lorsque l'emplacement de la ville de Liége présentait encore un endroit désert et couvert de bois. Cette chapelle, agrandie par saint Lambert en 709, fut transformée par l'évêque Notger en une grande et belle église, commencée en 1007, et consacrée par l'évêque Baldéric en 1015. Un incendie détruisit de fond en comble cette nouvelle église en 1183, avec les peintures précieuses et toutes les richesses qu'elle renfermait, à l'exception du grand autel et de la châsse de saint Lambert [2]. Immédiatement après, on jeta les fondements de la vaste et magnifique basilique qui subsista jusqu'à la conquête de la Belgique par les Français, en 1794. La construction de ce mo-

---

[1] On trouve une vue de l'abbaye de Floreffe dans les *Châteaux et monuments des Pays-Bas*, tom. Ier, n° 100.

[2] Chapeauville, *Gesta pontif. leod.*, tom. II, p. 128 ; De Reiffenberg, *Essai sur la statistique ancienne de la Belgique*, 2e partie, p. 153.

10

nument dura près de soixante-sept ans. L'église de St-Lambert, longue de 300 pieds dans œuvre, aurait été plus spacieuse encore si l'on avait exécuté en entier le plan tracé au XIIᵉ siècle, mais le chœur projeté ne fut point construit; celui qui existait était d'une étendue peu proportionnée à celle des nefs. L'entrée latérale, à gauche de l'église, se trouvait sous un porche profond et à plein-cintre. Le portail principal avait pour ornement un porche semblable mais ogival, dont les voussures étaient chargées d'une multitude de figures en haut et en bas-relief. De grandes statues de saints en décoraient les parois latérales. Tous ces ouvrages de sculpture avaient pour auteur un artiste liégeois, nommé Lambert Zuchman. Les côtés extérieurs de la grande nef étaient soutenus par des arcs-boutants d'une construction lourde et peu gracieuse. Elle était éclairée par de triples lancettes, renfermées dans un arc cintré, et couronnée à la hauteur du toit d'une balustrade formée d'arcatures qui posait sur une corniche, ornée de petites arcades figurées retombant sur des modillons. Aux deux côtés du grand portail s'élevaient deux tours carrées dont la partie supérieure terminée en plate-forme, était bordée d'une balustrade, ornée de quatrefeuilles encadrées. A droite du chœur, on voyait une troisième tour plus haute que les deux premières et surmontée d'une flèche octogone en bois, flanquée de quatre clochetons. Cette tour, de style ogival secondaire, devait être d'une époque plus récente que le reste de l'église. Telles étaient les dispositions générales de l'extérieur de l'église de St-Lambert. Comme il n'existe à notre connaissance, ni gravures, ni tableaux qui représentent l'intérieur de l'église, nous nous abstiendrons de décrire cette partie du monument [1]. Détruite de fond en comble par les révolutionnaires liégeois et français, en 1794, la cathédrale de St-Lambert n'offrait plus qu'une masse de ruines, qui furent déblayées en 1808; le terrain qu'elles occupaient est devenu une place publique.

[1] Les *Délices du pays de Liége* et les *Délices des Pays-Bas* contiennent chacun une gravure qui donne la vue de l'intérieur de l'église : un dessin, lithographié et exécuté sur une plus grande échelle, vient d'être publié à Liége.

ÉGLISE DE Ste-CROIX PRÈS DE HUY.

D'après l'auteur des *Délices du pays de Liége*, *l'église de l'abbaye de Ste-Croix*, fondée près de Huy en 1211, était un superbe édifice gothique à trois nefs de 130 pieds de longueur sur 95 de largeur. La voûte, haute de 90 pieds, passait pour un morceau fort hardi. Nous n'avons trouvé nulle part la date de la constructure de cette église. La tour, d'une élévation de 200 pieds et terminée en coupole, avait été rebâtie au commencement du XVIIIe siècle en même temps que le bas-côté droit de l'église. Cette église a été totalement démolie depuis la suppression du monastère.

ABBAYE DES DUNES.

L'église et le cloître de l'abbaye des Dunes, fondée en 1107 entre Nieuport et Dunkerque, étaient comptés au nombre des monuments les plus remarquables de la Flandre. Ils avaient été reconstruits au XIIIe siècle sur les plans fournis par plusieurs abbés et religieux du monastère qui sont les architectes belges les plus anciens dont le nom soit connu jusqu'ici. Voici ce qu'on lit à ce sujet dans la *Vie des architectes* par Felibien : « Parmi les religieux qui s'appliquoient à bastir en différents pays, il n'y en eut point de plus intelligents dans l'architecture que quelques abbez de l'ordre de cisteaux qui s'occupèrent en Flandres à refaire l'église et le monastère de Nostre-Dame des Dunes. Celuy qui mit le premier la main à cet ouvrage s'appelloit Pierre et estoit le septième abbé du lieu ; il n'eut d'abord le dessein que de réparer les anciens édifices et de faire quelques acqueducs et canaux nécessaires pour la commodité de la maison. Mais ayant connu que ces réparations et ces ajustements ne suffisoient pas pour mettre le monastère en bon estat, il résolut de commencer à le rebastir tout entier et posa les nouveaux fondements dans l'année mesme qu'il mourut. Amelius son successeur travailla à ce mesme dessein jusqu'en 1221, car alors il quitta la fonction d'abbé pour passer le reste de ses

jours dans la solitude. Gilles de Steene qui luy succéda employa cinq
années à la construction de l'église et se retira de mesme que son prédécesseur, remettant le soin de continuer cet ouvrage à Salomon de
Gand, dixième abbé, lequel y travailla aussi avec beaucoup de zèle
pendant l'espace de cinq autres années. Après ce temps, Salomon mit
en sa place Nicolas de Belle, qui surpassa tous ses prédécesseurs par
l'amour et l'intelligence qu'il eut de l'architecture, et par la grandeur
des bastiments qu'il fit durant vingt et une années qu'il fut abbé. Lambert de Keule, son successeur, continua pendant cinq années les ouvrages qui avaient été commencés et chargea ensuite de ces travaux
un nommé Théodoric, en faveur duquel il se démit de son abbaye.
Ce Théodoric acheva l'église que l'on dédia en l'année 1262, et finit
tous les autres bastiments qui estoient restez à faire. »

L'abbaye des Dunes fut détruite et rasée jusqu'aux fondements par
les calvinistes en 1578 [1].

Meyer assure que l'église était la plus belle de toutes les églises de
la Flandre. En effet, le dessin que Sanderus nous a conservé de l'abbaye des Dunes témoigne de la magnificence de ce monastère. L'église
et les cloîtres qui entouraient une cour carrée, étaient fort élevés et
soutenus partout par de grands arcs-boutants, preuve que l'intérieur
de ces édifices (sur lesquels nous ne possédons pas d'autres renseignements) devait être d'une beauté et d'une hardiesse peu communes.

ÉGLISE DE St-MARTIN A YPRES.

L'église de St-Martin, paroisse primaire de la ville d'Ypres, est
un admirable monument de style ogival que l'élévation, l'étendue et la
beauté architecturale de son vaisseau rendent comparable aux édifices
religieux les plus imposants de la France et de l'Allemagne. La construction de cette église, dans sa forme actuelle, date du XIIIᵉ siècle, à
l'exception de la tour qui ne fut bâtie qu'au XVᵉ siècle [2]. Le chœur,

---

[1] Dans la suite les religieux se retirèrent à Bruges où ils bâtirent un vaste et beau monastère
devenu récemment le séminaire épiscopal.

[2] La première église avait été fondée en 1083 par Robert-le-Frison, comte de Flandre.

la partie la plus ancienne de l'église, fut commencé en 1221 par Hugues, prévôt de St-Martin, comme l'apprend l'épitaphe placée sur son tombeau, qui se trouve dans le sanctuaire [1]. La comtesse Marguerite de Constantinople et le prévôt de St-Martin posèrent, en 1254, la première pierre des nefs, terminées douze ans après [2]. Enfin la consécration solennelle de l'église eut lieu en 1270.

Le chœur de l'église de St-Martin est le plus beau monument en style de transition qui existe aujourd'hui dans tout le royaume. Il est vaste et très-élevé, mais sans collatéraux. La lumière y pénètre par deux rangs de fenêtres formées d'étroites lancettes géminées, flanquées de colonnettes, et de triples lancettes sans colonnettes, encadrées dans un grand arc cintré. Entre ces deux rangs de fenêtres règne une galerie composée de légères colonnettes cylindriques et d'arcades plein-cintre.

Les nefs et les transepts appartiennent au style ogival primaire. La grande nef est séparée de ses bas-côtés par des colonnes cylindriques munies de chapiteaux à volutes en crochets. Elles supportent des arcs en tiers-point au-dessus desquels circule tant autour de la nef qu'autour de la croisée, une galerie semblable à celle du chœur, mais à ogives trilobées; les arceaux de la galerie des transepts sont en outre géminés et décorés de quatrefeuilles dans l'intervalle qui sépare les deux ogives. Les colonnes de la nef font retour sur les deux bras de la croisée, et leurs chapiteaux y sont surmontés de figures à mi-corps et d'une exécution remarquable pour l'époque où elles ont été sculptées. Les bas-côtés de la nef n'ont d'autre chapelle que celle du St-Sacrement, construite en 1623. Cette chapelle est grande et éclairée par des fenêtres ogivales, mais n'offre de remarquable que son plafond en bois voûté en berceau et divisé en compar-

---

[1] *In piam memoriam Hugonis, hujus sacræ œdis et canonicorum regularium præpositi, chori extructoris, etc.* Cette épitaphe remplaça en 1659 celle qui y avait été mise après la mort de Hugues, et dont Sanderus a conservé la copie. Elle était ainsi conçue : *Hic jacet Hugo, præpositus, fundator hujus chori, anno 1221, qui obiit d. Scholasticæ, anno 1232* (FLANDR. ILLUST., t. I, p. 357.)

[2] La partie antérieure de l'église, bâtie par Robert-le-Frison, avait été brûlée le 5 janvier 1240.

timents peints chacun d'une manière et de couleurs différentes, ce qui produit un effet plus bizarre qu'agréable. Les voûtes de l'église ogivales et à nervures croisées présentent, à l'intersection des transepts, les attributs des quatre évangélistes peints dans le goût byzantin et restaurés depuis peu [1]. Les fenêtres de la nef et de ses collatéraux se composent d'une ogive maîtresse inscrivant des lancettes géminées et trilobées surmontées de quatrefeuilles. Les murs extérieurs de l'église sont soutenus par de nombreux arcs-boutants et couronnés de balustrades à quatrefeuilles encadrées. L'entrée latérale au transept du midi se trouve sous un très-beau porche ogival, surmonté d'une magnifique rose qui, pour les dimensions et la richesse du dessin, n'a pas sa pareille dans toute la Belgique. Le grand portail, en tête de la nef et au pied de la tour, se compose aussi d'un porche fort élégant, mais où la sculpture a été moins prodiguée qu'à celui du transept. Ce porche et la tour ont été construits en 1434 sur les plans et sous la direction de l'architecte Martin Utenhove, de Malines, et sur les fondements de l'ancienne tour détruite par un incendie l'année précédente. Victor de Lichtervelde, bourgmestre, et Anastasie d'Oulne, vicomtesse d'Ypres, en posèrent la première pierre. La tour est restée inachevée quoiqu'on y ait travaillé au delà de vingt ans, mais telle qu'elle existe, elle peut encore passer pour une des plus belles tours de Belgique. Elle est de forme carrée, bâtie en briques [2] et haute de 57 mètres 57 centimètres [3].

ÉGLISE DE Ste-GUDULE ET St-MICHEL A BRUXELLES.

La fondation de la belle *église de S^te - Gudule et S^t - Michel à Bruxelles* remonte au XIe siècle. Construite par ordre de Lambert II,

---

[1] Le buffet d'orgue, à l'extrémité du transept septentrional, a été construit il y a quelques années dans un style conforme à celui de l'église. Antérieurement les orgues étaient posées au-dessus d'un beau jubé ogival en pierres, que la fabrique a eu la maladresse de faire abattre.

[2] Le reste de l'église est construit en pierres de taille.

[3] *La Flandria illustrata* contient une vue de l'église de St-Martin, prise à l'extérieur du monument; celle qui se trouve dans les *Délices des Pays-Bas* est peu correcte.

comte de Louvain, et consacrée en 1047 [1], elle fut rebâtie par Henri I,
duc de Brabant, vers 1226, dans l'état où elle se présente aujour-
d'hui [2]. Plusieurs actes des archives de l'ancien chapitre de Ste-Gudule
prouvent que la nouvelle église ne fut terminée que dans le courant
du XVe siècle [3], et non pas en 1273 comme l'ont avancé tous les historiens de Bruxelles. Le chœur est évidemment la partie la plus ancienne de l'église. Il appartient en partie au style roman et en partie
au gothique primaire. Le reste de l'église est de style ogival secondaire, à l'exception de la chapelle du St-Sacrement et de quelques
ornements extérieurs de la nef que revendique le style flamboyant ou
ogival tertiaire.

L'isolement de l'église de Ste-Gudule entourée de rues spacieuses,
permet de bien saisir l'ensemble de ce vaste et beau monument, dont
malheureusement la régularité a été détruite par l'addition postérieure
des chapelles du St-Sacrement et de la Vierge. Un perron de trente-
six marches et à double repos [4] conduit au portail principal de l'église,
encadré de deux magnifiques tours carrées du plus beau style ogival
secondaire [5]. Des quatre portes par lesquelles on pénètre dans la partie antérieure de la nef, deux sont placées isolément au bas de cha-

---

[1] *Miræi diplom.*, tom. I, p. 57.

[2] Rombaut, *Bruxelles illustrée*, tom. II.

[3] Dans la partie des archives de Ste-Gudule conservée au dépôt des archives générales du
Royaume, on trouve plusieurs bulles et brefs du XIVe siècle qui accordent des indulgences plé-
nières aux personnes qui contribueraient de leurs frais à l'achèvement de l'église reconstruite
avec magnificence (*sumptuoso opere fabricata*). Le plus ancien de ces actes est un bref du nonce
apostolique Ambaldus, daté du mois de septembre 1352. Par un autre titre de ces archives, on
apprend que le bas côté droit de l'église était en construction en 1398.

[4] Ce perron est moderne; il a été construit au commencement de ce siècle des débris d'un
autre perron qui, lui-même, n'avait été posé qu'en 1706. Celui qui y existait antérieurement était
très-irrégulier et posé de biais.

[5] Foppens et Christyn, auteurs des *Délices des Pays-Bas*, se sont trompés en avançant que les
tours de Ste-Gudule avaient été commencées en 1518, elles datent certainement de la fin du
XIIIe ou de la première moitié du XIVe siècle. Nous ne sommes pas non plus de l'avis de l'abbé
Mann, qui pense que, suivant le plan primitif, ces tours devaient être couronnées de deux flèches
en pierre au lieu de se terminer en plate-forme bordée de créneaux. Des arrachements de murs
aux deux faces latérales intérieures des tours donnent seulement lieu de conjecturer que ces dernières devaient être réunies par un grand arc surbaissé d'une extrême hardiesse.

cune des tours, et sous un grand arc ogival bouché, couronné d'un fronton aigu. Les deux autres portes sont géminées au centre du portail, et ont la même ornementation que les deux précédentes. Elles sont surmontées d'une grande et belle fenêtre à meneaux rayonnants au-dessus de laquelle le portail se termine par un gable décoré d'une balustrade ou galerie formée de meneaux trilobés, d'arcades simulées et de pinacles à crochets. Des arcs-boutants également ornés de crochets et de pinacles, s'appuient contre les flancs du chœur et de la nef bordée, à la hauteur du toit, d'une balustrade flamboyante. Les pignons des chapelles placées le long des petites nefs sont garnis extérieurement de crochets, et dans leurs tympans de festons dentelés. L'ornementation des murs droits qui forment les extrémités des transepts, se compose d'une grande fenêtre en ogive et d'un gable à crochets et à arcades bouchées. Toutes les fenêtres des transepts et des nefs sont enrichies de roses, de trèfles, de quatrefeuilles et d'autres ornements propres au style rayonnant. Les fenêtres du chœur se composent d'un arc en tiers-point encadrant de triples lancettes surmontées de quatre-feuilles. Celles des collatéraux derrière le chœur sont à plein-cintre et flanquées à l'intérieur de l'église de doubles colonnettes superposées les unes aux autres. Au centre de la croisée s'élève un clocher en flèche de bois sur une base octogone percée de huit ouvertures ogivales [1]. Le charmant petit porche placé devant le transept méridional paraît de la fin du XVe ou du commencement du XVIe siècle : il présente sur toute sa hauteur trois arcades simulées à ogive arrondie, séparées par des contreforts ornés de panneaux, et soutenant une plate-forme cintre d'une balustrade à quatrefeuilles couronnée de quatre pinacles à crochets et d'une petite statue de l'archange Michel.

L'intérieur de l'église forme un vaisseau d'environ 300 pieds de longueur, divisé en trois nefs par deux rangs de colonnes rondes, à chapitaux ornés de petits bouquets de feuillage, réunis par des cordons [2].

---

[1] Ce clocher vient d'être refait dans le même style.

[2] Nous ne nous rappelons pas avoir vu ailleurs des chapitaux avec une pareille ornementation.

Au-dessus des arcades de la nef et le long des deux murs extérieurs de la croisée règne une galerie, formée de petites arcades ogivales lancéolées, dont les impostes reposent sur des pilastres carrés. La galerie qui circule autour du chœur et le long des côtés des transepts qui font angle avec ce dernier, se compose d'arcs en tiers-point embrassant des lancettes géminées réunies par de lourdes colonnettes cylindriques et surmontées d'un petit œil-de-bœuf. Les arcs que portent les colonnes du chœur diffèrent aussi de ceux de la nef qui sont beaucoup plus étroits et plus élancés. L'extrémité des murs de séparation des chapelles au collatéral droit de la nef, est flanquée de demi-colonnes cylindriques qui reçoivent les retombées de la voûte ; mais au collatéral gauche, ce sont des nervures réunies en faisceau et sans chapitaux. Primitivement les bas-côtés du chœur étaient, comme ceux de la nef, bordés de chapelles, que des arcades en tiers-point, réunies par des colonnes en faisceau avec chapiteaux ornés de crochets, séparaient des collatéraux ; mais, en 1534, on supprima les chapelles du bas-côté gauche et on les remplaça par la nouvelle chapelle du St-Sacrement des miracles, qui fut achevée en 1539 et consacrée en 1542 [1]. Cette chapelle, qui est fort grande et occupe presque toute la longueur du chœur, est bâtie dans le style ogival tertiaire. De nombreuses nervures prismatiques sillonnent sa voûte surbaissée en anse de panier, fort élevée, et qui ne repose sur aucune colonne. Les murs latéraux et les colonnes en faisceau qui séparent la chapelle du bas-côté du chœur, sont chargés de niches dont les plinthes et les dais sont couverts d'une profusion d'ornements flamboyants et contournés. De magnifiques verrières peintes de 1546 à 1549, remplissent les cinq vastes fenêtres flamboyantes par lesquelles la lumière pénètre dans la chapelle [2]. L'extérieur de la chapelle, qui est soutenue par des contre-forts ornés de panneaux, est d'un dessin très-simple. Pour régulariser le plan du chœur, on bâtit, en 1649 au collatéral droit, la chapelle de la Vierge, de même éten-

---

[1] L'abbé Mann, *Hist. de Bruxelles*, tom. I, pag. 103.
[2] Voir l'excellent *Essai sur l'histoire de la peinture sur verre en Belgique,* par M. De Reiffenberg.

due et de même forme que celle du St-Sacrement, mais moins ornée
à l'intérieur que cette dernière, et couverte d'une voûte cintrée à
nervures croisées. La chapelle de la Madelaine, derrière le chevet de
l'église, n'a été bâtie qu'en 1679 sur l'emplacement de l'ancienne chapelle du St-Sacrement des miracles. Son architecture moderne contraste
fortement avec celle du reste de l'église [1].

ÉGLISE DES DOMINICAINS A LOUVAIN.

L'église des ci-devant dominicains de Louvain, commencée vers
1230 et achevée seulement en 1376 [2], est une des bonnes et belles constructions de second ordre, exécutées en Belgique dans le style ogival
primaire. Bâtie en forme de trapèze, sans croisée et très-sobre d'ornements, cette église se distingue par la sagesse de son plan et le bon ac-
cord de ses proportions. Elle a environ 200 pieds de longueur sur 50 de
largeur. La nef principale, large et élevée, est soutenue par deux rangs
de colonnes cylindriques modernisées au siècle dernier, et portant des
arcades ogivales, au-dessus desquelles s'élève jusqu'aux retombées des
voûtes un mur percé d'étroites ouvertures à lancettes. Les bas-côtés
sont éclairés par de grandes fenêtres, dont l'ogive embrasse de triples
lancettes. De longues et belles fenêtres lancéolées s'étendent depuis le
bas jusqu'à la voûte du chœur qui n'a point de collatéraux. La grande
nef est renforcée à l'extérieur par des arcs-boutants. L'église manque
de portail, et sa tour n'est qu'un simple clocher ou flèche de bois élevée
à l'intersection du chœur et des nefs.

Le cloître du couvent était d'architecture ogivale et entourait une
cour carrée. Devenu, à la suppression des couvents, propriété particulière, il a été démoli en grande partie et remplacé par des habitations privées. L'église fut érigée en paroissiale en 1803 [3].

---

[1] Les gravures qui représentent l'intérieur de l'église de Ste-Gudule sont en assez grand
nombre; une des meilleures est celle de la *Bruxella septennaria* de Puteanus. La vue de l'intérieur de l'église dans le *Bruxelles illustré*, par Rombaut, ne vaut absolument rien.

[2] De Jonghe, *Belgium dominicanum*, pag. 130.

[3] La *Brabantia sacra* de Sanderus, le *Théâtre sacré du Brabant* et le *Belgium dominicanum* du

ÉGLISE DE NOTRE-DAME DE PAMELE A AUDENAERDE.

L'église de Notre-Dame de Pamele à Audenaerde, est doublement remarquable, et comme modèle parfait du style de transition, et parce qu'Arnould de Binche, qui en donna les plans, est le plus ancien artiste belge connu qui ait cultivé l'architecture, non pas simplement en amateur comme les religieux de l'abbaye des Dunes, mais en qualité d'architecte de profession. L'église de Pamele est donc un monument du plus haut intérêt pour l'histoire monumentale du royaume. La première pierre de ce temple, construit aux dépens d'Arnould, sire d'Audenaerde, fut posée le 14 mars 1235 (nouveau style [1]). Il fut achevé quatre ans après par Alix, veuve du fondateur [2].

L'église de Pamele, située sur la rive droite de l'Escaut, a la forme d'une croix latine de 155 pieds, ancienne mesure de Gand, en longueur, sur 100 pieds de largeur aux bras de la croix, 56 pieds dans les nefs et 56 pieds de hauteur sous-clef. La tour octogone qui s'élève au centre de la croix, est percée de huit lancettes à ogives arrondies flanquées de colonnettes, et couverte d'un toit pyramidal à pans obtus. Le portail offre une porte en tiers-point, dont les voussures ornées de tores retombent sur des colonnettes réunies en faisceau. Elle est surmontée d'une longue fenêtre lancéolée, de chaque côté de laquelle sont deux lancettes géminées et fort étroites. La nef de l'église est éclairée par de triples lancettes comprises à l'extérieur dans un arc plein-cintre. Le bas-côté gauche a des fenêtres lancéolées d'une plus grande dimension et isolées. Le chœur reçoit la lumière par des lancettes triples [3], à pointe légèrement arrondie, et par des lancettes isolées, flanquées de colonnettes tant extérieurement qu'intérieurement. Des tourelles ornées de

---

père De Jongh, contiennent des vues de l'église et du couvent des dominicains de Louvain.

[1] On lit l'inscription suivante sur les murs extérieurs de l'église : *Anno Dni. MCCXXXIV id. Martis incepta fuit eccla. ista a magro. Arnulpho de Bincho.*

[2] Notice sur l'église paroissiale de Pamele, par D.-J. Vander Mersch, *Messager des sciences et des arts,* 1re série, tom. III, pag. 424.

[3] Il est inutile de répéter qu'aux lancettes triples ou accouplées trois à trois, la lancette centrale est plus élevée que celles des côtés.

petites arcades ogivales et simulées occupent les angles des transepts,
dont les pignons présentent chacun deux longues lancettes géminées
couronnées d'un œil-de-bœuf. Les nefs de l'église sont formées de deux
rangs de colonnes cylindriques, portant des arcades ogivales ; le chœur
est séparé de ses collatéraux par des piliers carrés que réunissent des arcs
cintrés. Cette partie de l'église a été défigurée par des travaux de modernisation. Au-dessus des arcades tant de la nef que du chœur, circule
une galerie composée de colonnettes et de petites arcades lancéolées : il
n'y a de chapelles dans les bas-côtés ni de l'un ni de l'autre. Le collatéral
gauche de la nef n'est point voûté ; le contraire a lieu pour le bas-côté
opposé, plus élevé et de style ogival secondaire, ce qui semble prouver
qu'on s'était proposé au XIVe ou au XVe siècle de rebâtir l'église sur un
nouveau plan, projet qui, s'il avait été exécuté, aurait privé le pays
d'un de ses monuments anciens les plus rares et les plus précieux [1].

ÉGLISE DE Ste-WALBURGE A AUDENAERDE.

Nos recherches pour découvrir la date de la construction de *l'église
de Ste-Walburge*, paroisse primaire de la ville d'Audenaerde, n'ont
obtenu aucun résultat. Le chœur paraît avoir été élevé vers la même
époque que l'église que nous venons de décrire, s'il n'est plus ancien
encore. Il a des fenêtres lancéolées et se termine par un mur droit couronné d'un fronton triangulaire. L'extrémité de chacun de ses collatéraux, qui sont éclairés par des fenêtres à plein-cintre et ne tournent
pas autour du maître-autel, est formée de même d'un pignon. Ces pignons ont été percés au XIVe ou au XVe siècle de belles fenêtres de
style ogival rayonnant ; leurs angles sont flanqués de tourelles rondes,
dont l'ornementation consiste en deux rangs de petites colonnettes :
celles du rang inférieur sont réunies par des arceaux simulés et cintrés. Les transepts de l'église, les trois nefs et la haute et belle tour
carrée placée en tête de ces dernières, sont du meilleur style ogival se-

---

[1] On trouve dans le *Voyage pittoresque dans le royaume des Pays-Bas*, une vue de l'église de
Pamele, mais fort incorrecte.

condaire, et doivent avoir été reconstruites vers la fin du XIVᶜ ou dans le courant du XVᵉ siècle. Les transepts restés inachevés n'ont que la moitié de la largeur que leur donnait le plan projeté ; ils auraient formé chacun deux nefs séparées par des colonnes cylindriques semblables à celles de la nef principale de l'église [1].

ÉGLISE DE Sᵗ-LÉONARD A LÉAU.

L'église de Sᵗ-Léonard à Léau, est un autre édifice remarquable du XIIIᵉ siècle. Sa construction doit être postérieure à l'année 1237, car antérieurement l'église de Sᵗ-Léonard n'était qu'une simple chapelle qui remplaça alors, comme église paroissiale de Léau, celle de Sᵗ-Sulpice, située hors de l'enceinte de cette petite ville [2]. Le style de la transition règne au portail et aux deux tours carrées qui lui servent d'encadrement ; le chœur, d'architecture ogivale primaire, est séparé de ses collatéraux par des colonnes cylindriques, dont les arcades en tiers-point sont surmontées d'une galerie simulée, formée de colonnettes engagées et d'arcades lancéolées. Une galerie semblable, mais ouverte et à colonnettes cylindriques, portant des arceaux trilobés, fait le tour extérieur du chœur. Ce mode d'ornementation est très-rare dans cette partie des églises de style ogival ; celle de Sᵗ-Léonard est la seule église de Belgique où nous l'ayons observé [3]. Les transepts de l'église de Sᵗ-Léonard et la nef à bas-côtés bordés de chapelles, dont plusieurs contiennent des autels gothiques très-remarquables, ne semblent dater que du XIVᵉ ou du XVᵉ siècle.

ÉGLISE DE NOTRE-DAME A TONGRES.

La Belgique ne possède pas d'édifice religieux plus beau et plus intéressant sous tous les rapports que l'ancienne *église collégiale et*

[1] Vue de l'église de Sᵗᵃ-Walburge dans les *Châteaux et monuments du royaume des Pays-Bas,* tom. II, n° 184.

[2] Gramaye, *Thenæ,* pag. 29 ; Van Ghestel, *Descript. Archiep. Mechlin.,* tom. I, pag. 242.

[3] L'extérieur de l'abside de l'église de Sᵗᵉ-Croix à Liége, est aussi décoré d'une galerie ; mais cette abside appartient au style de transition.

archidiaconale de Notre-Dame à Tongres. Cette vaste et imposante
basilique, dont on fait remonter l'origine au IVe siècle, fut réédifiée
dans son état actuel en 1240 [1]. Deux rangs de colonnes cylindriques, à
chapiteaux ornés de volutes en feuilles retournées ou crochets, séparent la nef centrale de ses bas-côtés, qui sont sans chapelles. Le mur
qui s'élève au-dessus de leurs arcades en tiers-point, est décoré d'une galerie formée de petites arcades ogivales retombant sur des colonnettes ;
au transept droit et au pourtour du chœur, cette galerie a des arceaux
trilobés, et au transept gauche les colonnettes sont remplacées par des
meneaux [2]. Le chœur sans collatéraux est percé dans toute sa hauteur de
magnifiques fenêtres à lancettes, dont l'ogive reçoit des deux côtés les
retombées de la voûte. De triples lancettes encadrées dans une maîtresse ogive, composent les fenêtres de la nef principale ; celles des bas-
côtés sont du style ogival secondaire. Toutes les voûtes de l'église sont
en tiers-point et à nervures croisées. L'extérieur de l'église de Notre-
Dame ne le cède guère en beauté à l'intérieur de ce superbe monument,
et se distingue par la régularité et l'élégance de ses proportions, non
moins que par la richesse de son ornementation ; les bas-côtés de la
nef et la tour, mais surtout le transept gauche, sont particulièrement
remarquables sous ce dernier rapport. L'ornement principal du transept gauche était un porche ogival (aujourd'hui bouché) couronné
d'un fronton triangulaire flanqué de deux clochetons bordés de crochets ; les voussures de son cintre offraient une profusion de sculptures,
et le long de ses parois latérales étaient placées des statues en pierre
couvertes de dais découpés à jour. Un semblable porche, également
supprimé aujourd'hui, décorait la base de la tour bâtie en avant de la
nef, et servait d'entrée principale à l'église. On pénètre actuellement

---

[1] En jetant les fondements de la nouvelle église, on trouva une église entière à quarante pieds
sous terre (Droixhe, *Essai hist. et crit. sur Tongres, Messager des sciences et des arts,* 1re série,
tom. VI, pag. 270).

Le style des diverses parties de l'église de Notre-Dame fait juger que sa reconstruction a duré
au moins un siècle et demi.

[2] Cette partie de la croisée et les deux premières travées de la nef d'un dessin différent de
celui des autres travées, ne peuvent être d'une date plus ancienne que le XIVe ou le XVe siècle.

dans cette dernière par un élégant vestibule ou *nartex* richement orné dans le style du XVe siècle, et accolé au bas-côté méridional de la nef. Les arcs-boutants qui s'appuient contre la nef et le toit des collatéraux, sont cachés en partie par une balustrade à quatrefeuilles encadrées. Le chœur n'est muni que de simples contreforts. La tour de l'église est une énorme masse carrée d'une grande élévation, et couronnée d'une flèche à quatre pans, surmontée d'une tourelle octogone. Les quatre faces de la tour sont percées de fenêtres dont les meneaux bifurquent en figures rayonnantes et flamboyantes; les angles sont chargés de quatre étages de pinacles ou clochetons superposés et bâtis en retraite. La première pierre de cette tour fut posée le 5 mai 1441.

Le cloître de l'ancien chapitre de Notre-Dame, bâti derrière le chevet du chœur, doit remonter au Xe ou au XIe siècle; c'est comme nous l'avons fait remarquer en parlant de l'église de Ste-Gertrude à Nivelles, la construction de cette espèce la plus ancienne et la plus curieuse de la Belgique. Ce cloître consiste en un préau carré dont trois côtés sont bordés d'une galerie formée de légères colonnes cylindriques alternativement isolées et accouplées. Elles portent des arcades romanes à cintres ornés de rinceaux et d'arabesques de dessins variés [1].

ÉGLISE DES DOMINICAINS A GAND.

Cette église, élevée en 1250 [2], est un édifice d'architecture ogivale d'un style assez particulier. C'est un grand vaisseau en carré long, sans transepts, et composé d'une seule nef, dont la voûte en bois, remarquable par la hardiesse de sa construction, forme une courbe de 60 pieds de rayon. Les murs latéraux de l'église sont percés de deux rangs de fenêtres lancéolées, couronnées extérieurement par des gables sans ornementation, et comprises, à l'intérieur de l'église, dans une série

---

[1] Il n'existe pas de gravure qui représente ce cloître; mais on trouve une vue de l'église de Notre-Dame dans les *Délices des Pays-Bas.*

[2] Gramaye, *Gandavum*, p. 21; De Jonghe, *Belgium domin.*, p. 30.

d'arcades ogivales qui règnent des deux côtés de la nef en forme d'é-
troites chapelles. Le portail présente une porte en ogive à voussures
ornées de tores et trois grandes lancettes bouchées, dont celle du centre
dépasse en hauteur les deux lancettes latérales. La tour, d'architecture moderne, et la vaste fenêtre en arc surbaissé, percée dans le mur
plat qui termine le chœur, ont été construites au XVIIᵉ siècle sur les
dessins du célèbre François Romain, religieux de ce couvent et architecte du pont royal à Paris [1].

COUVENT DES CORDELIERS A BRUGES.

Le *couvent des cordeliers à Bruges*, bâti en 1258 du produit des
aumônes et des dons faits principalement par les négociants étrangers,
qui alors affluaient dans cette ville de toutes les parties du globe, était,
au rapport de Sanderus, construit avec tant de magnificence qu'on ne
le désignait que sous le nom de *palais des frères mineurs* [2]. Ce monastère ayant été détruit de fond en comble par les calvinistes en 1579,
il n'en subsiste plus depuis longtemps le moindre vestige. Le plan de
Bruges, en 10 feuilles, gravé en 1562 par Marc Gérard, peintre et
sculpteur, indique néanmoins, quoique d'une manière confuse, la
forme générale des bâtiments du couvent et de son église.

ABBAYE DE BONNE-ESPÉRANCE.

L'abbaye de Bonne-Espérance, près de Binche, avait au XVIᵉ siècle
une grande et belle église, construite en 1266 sur l'emplacement de
la première église du monastère, qui fut consacrée en 1131, et ne

---

[1] Steyaert, *Beschryv. der stad Gend*, pag. 222.
On trouve une vue de l'église des dominicains de Gand dans la *Flandria illustrata* et dans le
Belgium dominicanum.
[2] *Qui quidem conventus in tantum nominis et perfectionis splendorem pervenit, ut ei in œdificiis,
structuris et hortis vix similis fuerit, adeo ut palatium fratrum minorum diceretur.* (Sanderus,
Flandria illust., tom. II, pag. 115.)

paraît avoir été qu'un simple oratoire [1]. La tour, dont les fondements furent jetés en 1212, s'écroula en 1277 [2]. La nouvelle église ne fut entièrement terminée qu'en 1291 [3]. La plus grande partie des bâtiments claustraux avait été rebâtie au commencement du XVIe siècle par Jean Cornu, trente-huitième abbé de Bonne-Espérance. Lorsqu'en 1568 les confédérés envahirent le Hainaut, l'armée du prince d'Orange, après avoir pillé l'abbaye de Bonne-Espérance, mit le feu aux cloîtres et à l'église qui devinrent la proie des flammes. La tour, qui subsiste encore, échappa seule à ce désastre. L'abbaye fut réédifiée dans la première moitié du siècle suivant, et de nouveau vers le milieu du siècle dernier sur les plans de l'architecte Dewez. Ces bâtiments d'architecture moderne servent de local au petit séminaire du diocèse de Tournai. La tour, le seul reste des constructions antérieures au XVIe siècle, est de forme carrée, construite en pierres de taille et dénuée de toute ornementation.

ÉGLISE DES DOMINICAINS A BRUGES.

L'église des dominicains de Bruges était un vaste et bel édifice de style ogival secondaire. Le chœur, commencé en 1284, fut consacré, en 1311, par Olaus, évêque de Rosschild, en Danemarck. La construction des nefs n'eut lieu qu'en 1320 [4]. Vendue en 1798 comme bien prétendu national, cette église a été démolie jusqu'aux fondements par le maçon qui en fit l'acquisition.

ÉGLISES DE POPERINGUE.

Au XIIIe siècle, la ville de Poperingue, dans la Flandre occidentale,

---

[1] J. de Guyse, *Annales Hannoniæ*, lib. 17, cap. 27.

[2] *Ibidem.*

[3] Brasseur, *Origines omnium Hann. cœnobiorum*, pag. 179.

[4] *Illa nunc permagnifica est trium navium fornicibus lapideis obtectarum structura.* (De Jongh, *Belgium dominic.*, pag. 163.)

Le P. De Jonghe vante surtout la beauté des stalles gothiques du chœur : *Chori sedilia artificiocissime sculpta et elaborata vix sibi similia habent in Belgio.*

Le *Belgium dominicanum* contient une vue du couvent et de l'église.

12

ne possédait encore qu'une seule paroisse. L'accroissement rapide de
la population de cette ville, à cette époque une des communes les plus
industrieuses et les plus florissantes de la Belgique, nécessita l'érection
de deux nouvelles églises paroissiales, *celles de la Vierge et de S.-Jean*
qui furent bâties en 1290 [1]. Ces trois églises subsistent encore aujour-
d'hui; elles sont grandes et à trois nefs, mais des restaurations modernes en ont totalement dénaturé l'intérieur; les parties extérieures
ont moins souffert de ces altérations. On pénètre dans deux des églises
de Poperingue par de beaux porches en ogive, dont les voussures sont
ornées de guirlandes de feuillages et de fruits. La troisième a une belle
flèche, construite en briques, matière qui compose la bâtisse des églises de Poperingue comme de la plupart des grands édifices de la Flandre occidentale.

BEFFROI ET HALLE AUX DRAPS DE BRUGES.

Le *beffroi de Bruges* ne fut primitivement, comme les plus anciens
édifices de ce genre, qu'une tour en bois, qui fut détruite par un incendie en 1280. On la remplaça en 1291 par une belle tour en briques de 108 mètres de hauteur, couronnée d'une flèche en bois qui
brûla en 1741. On y substitua alors une simple toiture qui disparut à
son tour en 1822 [2]. Ce beffroi est divisé en trois étages, bâtis en retraite les uns au-dessus des autres. L'étage inférieur, percé d'une
grande porte ogivale, est couronné d'une galerie formée d'arcatures,
terminées en créneaux et flanquées aux angles de tourelles portant également des créneaux et placées en encorbellement. Des tourelles semblables, mais à couronnement pyramidal, décorent les angles du second
étage, surmonté d'une galerie à arcades plein-cintre, et dont la face
antérieure offre deux fenêtres à lancettes. Le troisième étage est de
figure octogone et percé de huit ouvertures lancéolées à ogives arrondies. Son couronnement et celui de tout le beffroi qui se termine au-

---

[1] Meyer, *Annal. Flandr.* A° 1290. Sanderus, *Flandr. illustr.*, tom. III, pag. 253.

[2] Delpierre, *Annal. de Bruges*, pag. 23. *Guide des étrangers dans Bruges*, par le même, p. 27.

jourd'hui en plate-forme, est une belle balustrade ornée de quatre-feuilles encadrées, au-dessus de laquelle sont placés huit pinacles à pyramides chargées de crochets.

En 1364 on jeta les fondements de la partie antérieure et des côtés latéraux de la *halle aux draps*, dont le beffroi occupe le centre de la façade donnant sur la grand'place de la ville. Le quatrième côté ou la face postérieure, ne date que du XVI⁰ siècle. Ce vaste bâtiment, entièrement construit en briques, forme un quadrilataire élevé sur un plan très-régulier. La façade principale est ornée de trois rangs de fenêtres superposées; les fenêtres des deux premiers étages sont en ogive, et celles du troisième étage de forme carrée. Un rang de petites arcades trilobées et simulées supporte les créneaux qui règnent le long du toit. L'ordonnance des façades latérales consiste en une suite d'arcades en tiers-point, aujourd'hui bouchées, surmontées d'un rang de fenêtres carrées, semblables à la celle de la face antérieure. Les bâtiments qui bordent la cour intérieure de la halle n'offrent rien de remarquable, et sont d'une construction plus simple et moins régulière que les parties extérieures de ce monument [1].

ÉGLISE DE LA VIERGE A AERDENBOURG.

L'église de la Vierge à Rodenbourg ou Aerdenbourg (Flandre occidentale), bâtie en 1296, était, suivant Marchant, Guicciardin et Sanderus, un édifice superbe et même la plus belle église de toute la Flandre [2]; c'est à ce peu de mots que se bornent tous les renseignements que nous possédons sur ce monument, que la terrible inondation de 1488 qui ruina la petite ville d'Aerdenbourg, détruisit de fond en comble, et dont les pierres servirent ensuite à paver les rues de Flessingue.

---

[1] Les vues tant gravées que lithographiées de la halle de Bruges sont très-nombreuses; nous ne mentionnerons que l'élévation de la façade de ce monument qui se trouve dans l'ouvrage de M. Rudd.

[2] *Superbo opere excædificatum.... templum Flandriæ totius pulcherrimum.* (Sanderus, *Flandr. illust.*, tom. II, pag. 208.)

ÉGLISE DE Ste-WALBURGE A FURNES.

Suivant Meyer, Gramaye, Sanderus et autres historiens et annalistes de la Flandre, Bauduin de Lille, comte de Flandre, fit jeter les
fondements de cette église en 1030. Aucun de ces écrivains ne parle
d'une reconstruction postérieure; néanmoins l'église actuelle, à en
juger par le style de son architecture, ne paraît point antérieure à la
fin du XIIIe siècle. De cette église il n'existe que le chœur; si les autres
parties du monument avaient été bâties sur le même plan et dans les
mêmes dimensions, l'église de Ste-Walburge serait un des temples
gothiques les plus vastes et les plus remarquable de la Belgique. Ce
chœur, de style ogival primaire, est fort grand, construit dans de nobles proportions et séparé de ses collatéraux, qui sont bordés de chapelles, par des colonnes cylindriques, dont les chapiteaux sont ornés
de volutes en crochets. La galerie qui règne au-dessus des arcades en
tiers-point de ce premier ordre, est formée de colonnettes cylindriques,
réunies par des arceaux en ogive trilobée. L'extérieur du chœur de
Ste-Walburge est consolidé par de nombreux arcs-boutants d'une forte
saillie. L'église n'a ni tour ni portail; on pénètre par une petite entrée latérale dans la nef, peu étendue, et qui ne présente qu'une
masse de pierres informe et écrasée [1].

ÉGLISE DE NOTRE-DAME A DINANT.

L'église paroissiale de Notre-Dame à Dinant, quoiqu'au nombre
de nos anciens édifices religieux les plus dignes d'attention, est néanmoins une de celles sur l'histoire monumentale de laquelle nous possédons le moins de renseignements; tout ce que nous avons pu recueillir
à ce sujet se réduit à la tradition fort incertaine, que cette église aurait
été fondée par St-Materne, premier évêque de Tongres. Le style architectural de l'église qui existe de nos jours, indique clairement que ce

---

[1] L'église de St-Nicolas, seconde paroisse de Furnes, est grande et de style ogival secondaire;
elle n'a de remarquable qu'une tour carrée surmontée d'une grande flèche en briques.

temple doit avoir été bâti dans la seconde moitié du XIIIᵉ siècle, sauf les fenêtres des nefs qui ont été refaites dans les dernières années du XVᵉ siècle ou au commencement du siècle suivant. Plusieurs restes de construction romane ou plein-cintre, d'une date évidemment antérieure à celle de l'érection de l'église actuelle, font présumer aussi que cette dernière doit avoir été élevée sur les débris d'une autre basilique, édifiée suivant toute probabilité au Xᵉ siècle, et qui n'aura pas été achevée ou aura été détruite par quelqu'accident qui nous est inconnu.

L'église de la Vierge à Dinant, construite dans la forme ordinaire de la croix latine, est partagée en trois nefs, sans chapelles, qui se distinguent par la grandeur et la beauté de leurs proportions, et par l'élévation des voûtes qui, dans la nef centrale, ont une hauteur de plus de cent pieds; elles sont soutenues par deux rangs de grandes colonnes cylindriques à chapiteaux carrés très-simples, et dont les arcades en tiers-point qu'elles supportent sont surmontées d'une galerie à colonnettes avec chapiteaux formés d'un dé carré, sur lesquels retombent les archivoltes d'arceaux lancéolés. Le chœur, qui est d'une étendue médiocre, et auquel l'énorme rocher qui surplombe l'église de ce côté, a empêché de donner des dimensions plus considérables, est entouré de collatéraux fort étroits, dont il est séparé par des colonnes cylindriques très-effilées, couronnées de chapiteaux à volutes en crochets. Son triforium se compose de colonnettes avec des chapitaux semblables, et d'arceaux en ogive trilobée. Derrière le maître-autel le chevet du chœur est décoré d'une grande arcade bouchée, dont les voussures sont ornées de boudins ou tores profondément fouillés. Les fenêtres qui éclairent les nefs sont de style flamboyant; celles des murs plats qui terminent les transepts, offrent de triples lancettes, et celles du chœur des lancettes isolées. Au bas-côté droit de la nef, une petite porte donne entrée à la chapelle du baptistère, oratoire carré, couvert d'une voûte surbaissée en anse de panier. Le mur contre lequel est placé l'autel, est décoré d'un grand arc roman dont les voussures sont chargées d'ornements et de figures en bas-relief. La construction de cette chapelle et la confection des fonts baptismaux en pierre qui en occupent le centre, peuvent être

rapportées au Xe ou au XIe siècle, de même que l'ancienne porte bouchée que l'on voit à l'extérieur du bas-côté gauche de l'église; cette
porte en plein-cintre, et dont l'archivolte est aussi couverte de bas-
reliefs fort curieux et du travail le plus barbare, présente avec les deux
porches ogivaux, posés l'un en tête des nefs et l'autre à droite de l'é-
glise, les seules parties extérieures de ce monument qui méritent une
mention particulière; ces deux porches, de style ogival primaire, sont
de la plus riche et de la plus gracieuse ornementation. Les voussures
de leurs cintres sont couvertes de figurines, parmi lesquelles nous
avons cru remarquer au porche latéral les arts libéraux personnifiés,
et le long de leurs parois étaient placées, avant la révolution française,
de grandes statues en pierre. La grosse tour carrée qui s'élève au-dessus
du porche principal, en tête de l'église, est construite en grès, percée
de petites ouvertures ogivales et dénuée de tout ornement. Elle a 110
pieds de hauteur et est couronnée d'une flèche octogone d'une date
beaucoup plus récente que le reste de la tour.

ÉGLISE DE St-PAUL A LIÉGE.

L'histoire monumentale de l'*église de St-Paul*, cathédrale de Liége
depuis la destruction de l'église de St-Lambert, est non moins obscure
que celle de Notre-Dame de Dinant, tous les historiens du pays de
Liége s'étant bornés à nous donner le nom de son fondateur, qui fut
l'évêque Eracle, vers l'année 968.

L'architecture de cette superbe basilique, appartenant en majeure
partie au style ogival primaire, nous porte à en fixer la reconstruction
à la même époque que celle de la réédification de l'église de Dinant,
dans les dernières années du XIIIe siècle, à l'exception des fenêtres,
des chapelles des bas-côtés de la nef, de la tour et de quelques autres détails qui remontent à une époque moins reculée [1]. L'église de
St-Paul est non-seulement la plus vaste de toutes les églises de Liége,

---

[1] Ces parties de l'église ont été probablement refaites en même temps que les voûtes, en 1528
et 1529. (Henaux, *Descript. de Liége.*, pag. 79.)

mais en même temps la plus belle après celle de St-Jacques. L'intérieur de son magnifique vaisseau, construit dans le style ogival le plus pur, produit un effet admirable par la grandeur et la noblesse de ses proportions. La nef centrale, longue de 222 pieds (de Liége), est séparée de ses bas-côtés par deux rangs de colonnes cylindriques à bases rondes et à chapiteaux ornés de crochets. Au-dessus des arcs en tiers-point, dans la grande nef, règne une élégante galerie formée de colonnettes cylindriques, réunies par des arceaux en ogive trilobée. Des panneaux couvrent les murs des nombreuses chapelles qui flanquent les ailes de la nef, et de vastes fenêtres ogivales, du dessin le plus riche et ornées de superbes vitraux peints, éclairent les transepts qui ont peu de profondeur. Le chœur, sans collatéraux, et qui a 84 pieds de longueur, est décoré au-dessous de ses fenêtres lancéolées d'un triforium composé d'arcades, également lancéolées et simulées, dont les archivoltes reposent sur des colonnettes rondes. Les voûtes de l'église ogivales et à nervures croisées, sont peintes d'arabesques en style de la renaissance. Une balustrade à arcatures trilobées couronne extérieurement les murs de la nef centrale, soutenus par de grands arcs-boutants; les bas-côtés et le chœur n'ont que des contre-forts peu saillants. Il manque à l'église de St-Paul une grande entrée; on n'y pénètre que par deux portails latéraux d'une construction fort simple, et à l'un desquels on parvient par l'ancien cloître chapitral, qui consiste en trois larges galeries couvertes, percées de fenêtres de style flamboyant et entourant un préau carré. Leurs voûtes à compartiments prismatiques indiquent que la batisse de ce cloître ne remonte qu'à la fin du XVe ou à la première moitié du XVIe siècle. La tour qui s'élève en tête des nefs était restée inachevée; on l'a surmontée en 1813, d'une haute flèche en bois, construite sur le modèle de la tour principale de l'ancienne église de St-Lambert [1].

[1] Vue de l'extérieur de l'église de St-Paul, au tom. 1 des *Délices du pays de Liége*.

ÉGLISE DU GRAND BÉGUINAGE A LOUVAIN.

La construction de l'*église du grand béguinage à Louvain*, fut commencée en l'année 1305 [1]; nous ignorons la date de son achèvement. Cet édifice, qui forme un trapèze long de 200 pieds et large de 73, ne se fait remarquer que par l'extrême largeur de ses trois nefs, dont les arcades en ogive très-évasée reposent sur des colonnes cylindriques d'un fort petit diamètre. La voûte cintrée en anse de panier de la grande nef ne fut construite qu'au XVIIe siècle. Son étendue et la faiblesse de ses supports, ont obligé à la renforcer par des barres de fer, qui traversent horizontalement la nef centrale. Le mur plat qui termine le chœur, est percé d'une grande ogive qui embrasse deux lancettes, dont les impostes retombent sur de grosses colonnettes réunies en faisceau. Le vaisseau de l'église est éclairé par d'étroites lancettes; il est sans contre-forts ou arcs-boutants à l'extérieur.

ÉGLISE DU BÉGUINAGE A DIEST.

Après l'église que nous venons de décrire, celle du *béguinage de Diest* nous a paru la seule des églises de style ogival, appartenant à des congrégations de béguines en Belgique, qui méritât une mention particulière. Nous ignorons l'époque de sa construction, mais nous ne la croyons pas antérieure ou postérieure de beaucoup d'années à celle de l'église du béguinage de Louvain, avec laquelle l'église de Diest a de grands rapports de ressemblance, tant pour l'étendue que pour le plan et le style architectural. Elle présente de même un carré long, divisé en trois larges nefs par des colonnes cylindriques, portant des arcs ogivaux d'une forte portée. L'une de ces églises est aussi pauvre d'ornementation que l'autre.

ÉGLISE DE NOTRE-DAME A HUY.

L'église paroissiale de la Vierge dans la ville de Huy, comme une

---

[1] On lit sur une pierre placée à côté de l'entrée principale de l'église :

Anno Dni. MCCCV, hec ecclesia incepit.

multitude d'autres églises de l'ancien évêché de Liége, reconnaît pour fondateur vrai ou supposé, saint Materne, premier évêque de Tongres. Toujours est-il qu'au XIe siècle, il existait à Huy une petite église ou chapelle dédiée sous l'invocation de la Vierge, sur l'emplacement de laquelle Théoduin, sacré évêque de Liége en 1048, éleva une nouvelle église plus grande et plus belle, dont la consécration eut lieu en l'année 1066 [1]. De l'église bâtie par Théoduin, il ne subsiste plus de vestiges aujourd'hui, si ce n'est, suivant toute probabilité, le portail isolé que l'on voit encore à côté du chevet du chœur de l'église actuelle. Ce portail, de style ogival primaire le plus ancien, se compose d'une arcade en ogive à voussures ornées de tores, dont le tympan, subdivisé par deux sections d'arcs ogivaux simulés, est décoré de figures en haut relief représentant la naissance du Christ, l'adoration des bergers et l'offrande des mages. Trois grandes statues en pierre sont posées contre les pieds-droits et le meneau de cette porte. Les fondements de l'église qui existe de nos jours et qui passe à juste titre pour un des plus admirables monuments d'architecture ogivale que possède la Belgique, furent posés le 15 mars 1311 [2]. Nous ignorons la date de l'achèvement et de la dédicace de cette superbe basilique; seulement nous apprenons par le millésime inscrit sur la voûte de la grande nef, que cette voûte, celle du chœur et des transepts, et probablement aussi les voûtes des bas-côtés de l'église, furent refaites en 1536.

L'église de Notre-Dame de Huy, construite dans les proportions les plus nobles et les plus pures du style ogival secondaire, présente une croix latine, à bras très-raccourcis, longue dans œuvre de 70 mètres,

---

[1] *Hic (Theoduinus)*.... *ecclesiam (Beatæ Mariæ in Hoyo) à fundamentis usque ad laquearia consummavit octavo kalendas septembris, indictione quarta, presidente apostolicæ sedi Alexandro, imperante Henrico, etc.... nam antea illic parva ecclesiola à beato Materno primo Tungrensium episcopo constructa erat in honorem Sanctæ Mariæ. (Aegidii Aureæ Vallis monachi Gesta pontif.* (Leod. cap. 1, apud Chapeauville, tome II, p. 3.)

Gilles d'Orval, qui florissait au XIIIe siècle, reproduit la charte par laquelle l'évêque Théoduin double le nombre des chanoines de la collégiale de Notre-Dame. On y lit : *Præfatam siquidem ecclesiam à fundamentis ad laquearia et ultra reædificavi, quam etiam in auro et argento et gemmis et prædiis pro modulo meo ditavi et de Agar Saram esse feci.*

[2] Delvaux, *Dictionn. géogr. et statist. de la prov. de Liége,* p. 123.

13

et large de 23 mètres et demi [1]. Deux rangs de grandes colonnes cylindriques à bases rondes et à chapitaux ornés de feuillages frisés, la partagent en trois nefs et séparent le chœur de ses collatéraux qui s'arrêtent aux deux côtés du rond-point. Des demi-colonnes semblables font saillie sur les murs des bas-côtés de l'église entre les chapelles dont ces derniers sont bordés. Le triforium qui règne au-dessus des arcades en tiers-point de la nef principale, est formé de meneaux trilobés surmontés d'une balustrade à quatrefeuilles encadrées. Le chœur vaste et bâti de niveau avec le reste de l'église [2], est éclairé par de longues fenêtres lancéolées, subdivisées par des meneaux rayonnants. Des panneaux du dessin le plus riche et le plus élégant, couvrent les murs droits qui terminent les transepts et qui sont percés, au transept septentrional, d'une magnifique demi-rose prolongée par une grande fenêtre de style rayonnant et, au transept méridional, d'une pareille fenêtre qui s'étend jusqu'aux retombées de la voûte et dont les meneaux offrent les formes les plus variées et les plus gracieuses. Les murs des petites nefs et de leurs chapelles, sont également ornés de panneaux, mais d'un dessin plus simple que ceux de la croisée. Les fenêtres de la grande nef et des bas-côtés appartiennent au style flamboyant et ont été probablement reconstruites en même temps que les voûtes de l'église qui sont ogivales, à nervures croisées dans les collatéraux alternant avec des nervures prismatiques ornées de culs-de-lampe dans la nef centrale, le chœur et les transepts. Elles sont peintes en arabesques comme celles de l'église de St-Paul à Liége.

L'extérieur de l'église paroissiale de Huy n'annonce point la richesse d'ornementation de l'intérieur du temple, sauf le mur droit au transept septentrional, où les panneaux reparaissent avec la même élégance qu'à l'intérieur de cette partie de l'église. Extérieurement, l'église de Notre-Dame ne montre ni arcs-boutants, ni balustrades, ni portail [3].

---

[1] L'auteur des *Délices du pays de Liége* fixe la longueur intérieure de l'église de Notre-Dame à 240 pieds, ancienne mesure de Liége; la largeur et l'élévation à 80 pieds.

[2] *Les délices du pays de Liége* lui donnent 80 pieds de longueur.

[3] Il paraît néanmoins qu'avant la reconstruction des voûtes au XVIe siècle, les hauts-combles étaient garnis d'une suite de gables et de pinacles bordés de crochets.

On y entre par une seule petite porte latérale de la construction la plus simple. Au devant des triples nefs, s'élève une tour carrée, haute de 140 pieds (mesure de Liége), couronnée jadis d'une flèche en bois, qui donnait à la tour une élévation totale de 222 pieds [1]. La face antérieure de cette tour est ornée d'une grande et très-belle rose de style rayonnant, qui, vue de l'intérieur de l'église, produit un effet vraiment magique [2]. Deux autres tours carrées, mais moins considérables que la première et qui sont restées inachevées, flanquent les deux côtés latéraux du chœur. Cette disposition assez commune dans les églises de la transition et de l'ogive primaire, se rencontre très-rarement dans celles construites au XIVe ou au XVe siècle. L'église de Huy est, comme nous l'avons déjà dit, le seul édifice religieux de cette époque, en Belgique, où l'on observe trois tours placées de cette manière.

ANCIENNE HALLE DES DRAPIERS A LOUVAIN.

L'*ancienne halle de Louvain*, bâtie aux frais de la riche corporation des drapiers, est pour cette ville ce que le beffroi de Gand et l'hôtel de ville d'Ypres sont pour ces puissantes communes du moyen âge, un monument qui rappelle l'époque où Louvain était le siége d'une immense industrie, et réunissait dans son enceinte une population que quelques auteurs ont portée à 200,000 âmes. Une inscription gothique, placée à un des angles de ce vaste bâtiment, apprend que la première pierre de la halle fut posée le lundi après la Pâque close de l'an 1317, et que les travaux furent dirigés par trois architectes ou maîtres-maçons, appelés Jean Stevens, Arnould Hore et Gort Raes [3].

L'ancienne halle de Louvain présente un trapèze long d'environ

---

[1] Cette flèche a été détruite par le feu au siècle dernier ; elle figure encore sur la gravure qui représente l'église de Huy dans les *Délices du pays de Liége*, tome I.

[2] On en trouve un dessin assez exact au tome II de l'*Histoire de l'architecture*, par Hope.

[3] *Mest. Jan Stevens en mest. Art. Hore en mest. Gort Raes dese dry mestere begoste dese halle in't jaer ons heere MCCCXXIJ s'maendaegs na bevloke Paeschen.*

200 pieds, large de 50 et isolé de trois côtés. L'étendue de cet édifice était peu en harmonie avec son élévation ; il n'avait qu'un rez-de-chaussée surmonté d'un seul étage sans jours sur la rue et couvert d'un toit fort irrégulier et d'un aspect désagréable. Le rez-de-chaussée au côté long du bâtiment est percé de fenêtres carrées, divisées en croix par des meneaux, et de trois portes ogivales dont les archivoltes sont ornées d'un cordon de figures grimaçantes. La porte centrale est d'un dessin plus simple que les deux portes latérales dont l'ogive flanquée de pinacles à crochets retombe sur des consoles ornées de grotesques. La porte qui s'ouvre sur le petit côté droit de la halle et les deux portes bouchées, l'une ogivale et l'autre plein-cintre, qui étaient placées à la façade gauche, ont la même ornementation. Au-dessus du rez-de-chaussée de la façade principale un tailloir ou corniche, porte une galerie simulée composée de nervures réunies par des arcades à cintres triangulaires, et à la façade latérale droite une suite de niches couronnées de dais couvrant autrefois des statues. Des pinacles dominant les angles de l'édifice complétaient sa décoration extérieure. A l'intérieur de la halle le rez-de-chaussée était occupé tout entier par une salle immense partagée dans sa longueur par un rang d'arcades à plein-cintre, d'une courbe considérable et dont les archivoltes ornées de tores reposent sur de grosses colonnes cylindriques, qui, depuis les bases jusqu'aux chapitaux formés de feuillages et de grotesques, mesurent à peine deux diamètres et demi. Cette vaste salle est couverte d'un plafond en bois.

Lorsqu'en 1424, Jean IV, duc de Brabant, fonda l'université de Louvain, il concéda à cet établissement scientifique le bâtiment de la halle presqu'abandonné et tombant en ruines, depuis que les dissensions civiles qui éclatèrent dans cette ville, sous le règne de Wenceslas, avaient amené la chute de ses nombreuses fabriques de drap. La halle, devenue siége de la nouvelle université, subit alors et plus tard des modifications importantes, qui changèrent presqu'entièrement sa forme primitive : on retrancha une partie de la grande salle du rez-de-chaussée, on murailla les portes de la façade latérale gauche, et en 1686 on exhaussa le bâtiment d'un étage en style moderne percé de grande fenêtres cintrées [1].

L'église paroissiale de la petite ville d'Aerschot est un beau temple de style ogival secondaire, dont la partie antérieure fut construite en 1331 et le chœur en 1337. L'architecte de ce dernier portait le nom de Jean Pickart, comme l'apprend une inscription placée à côté de la porte de la sacristie [2], et, vu le peu de temps qui s'écoula entre l'érection du chœur et celle de la nef, il est à croire que l'église tout entière fut bâtie sur les plans et sous la direction de cet artiste.

L'église d'Aerschot, assez vaste et en forme de croix latine, est construite en pierres calcaires ferrugineuses et soutenue extérieurement par des arcs-boutants. La haute et belle tour carrée placée au-dessus du portail ne paraît pas antérieure au XVᵉ siècle; elle était couronnée jadis d'une flèche en bois flanquée à sa base de cinq clochetons. Suivant un mesurage fait en 1540, cette tour avait une élévation de 488 pieds (d'Aerschot). Un ouragan ayant renversé la flèche en 1572, on la remplaça en 1575 par une flèche moins élevée et de forme rhomboïde. Dans son état actuel, la tour aurait encore, d'après une nouvelle mesure prise en 1684, la même hauteur que celle de Sᵗ-Rombaut à Malines [3].

Les autres parties extérieures de l'église d'Aerschot ne donnent lieu à aucune observation [4]. La grande nef et le chœur, larges et élevés, sont portés par des colonnes cylindriques d'un mince diamètre. Au-

---

[1] La gravure en bois qui représente la halle dans la première édition des *Antiquitates Brabantiœ* de Gramaye, fait connaître cet édifice tel qu'il était au commencement du XVIIᵐᵉ siècle.

[2]   *M semel X, scribis ter C ter et V semel I bis.*
          Dum chorus iste pie fundatur honore Mariœ
          Saxa basis prima juliani lux dat in ima
          Pickart artifice Jacobo pro quo rogitate.

[3] Gramaye, *Aerschotum. Kort begrip van de stadt Aerschot* (1766, in-12), pag. 23.

[4] Nous pouvons mentionner toutefois la jolie porte bouchée au côté droit du chœur; ses archivoltes reposent sur des colonnettes et son ogive encadre une rosace d'un fort beau travail.

dessus des arcades de la nef centrale s'élève un mur plat, percé à sa partie supérieure de larges fenêtres à meneaux rayonnants. Les collatéraux du chœur s'arrêtent au rond-point qui est percé de longues lancettes. Les fenêtres des bas-côtés de l'église sont sans meneaux. Les nervures de la voûte, au point d'intersection des transepts, dessinent une rose d'un travail très-hardi. Le jubé qui ferme le chœur est du style ogival tertiaire le plus élégant, et, après le jubé de l'église paroissiale de Dixmude, le plus bel ouvrage de cette nature que nous ayons vu dans le royaume. Les stalles gothiques du chœur ne sont pas moins remarquables par la richesse de leurs ornements de sculpture, et l'étaient davantage encore avant la destruction récente d'un grand nombre de ces figures bizarres et parfois obscènes dont le génie naïf et capricieux des artistes du moyen âge, décorait les murs des lieux destinés à la prière comme les boudoirs des damoiseaux les plus sensuels.

ÉGLISE DE NOTRE-DAME A HAL.

L'*église de la Vierge à Hal*, dont la construction fut commencée en 1341 et terminée en 1409, quoi qu'elle n'ait pas l'étendue des grandes cathédrales, est néanmoins un des plus gracieux édifices de style ogival secondaire de la Belgique. Le chœur surtout se fait remarquer par sa forme svelte et élancée et par la richesse de son ornementation. Une légère et élégante galerie composée de nervures trilobées, de belles fenêtres lancéolées à vitraux peints et des statues posées dans des niches sous des dais pyramidaux découpés à jour, en décorent l'intérieur; l'extérieur du chœur a pour ornements de doubles balustrades qui couronnent les hauts-combles et des niches placées en encorbellement contre les piliers-butants et dont les plinthes historiées offrent des bas-reliefs remarquables par la naïveté et la bizarrerie des sujets. Les trois nefs de l'église ont pour supports des colonnes à nervures réunies en faisceau. Une suite de fenêtres ogivales bouchées et subdivisées par des meneaux remplace le triforium des deux côtés de la nef centrale. Les voûtes tant des nefs que du chœur, sont ogivales et à nervures croisées. Le chœur est sans collatéraux; ceux de la nef sont flanqués de chapelles, couronnés extérieurement par des gables ou pignons bordés de crochets et ornés de pinacles.

En tête de l'église s'élève une très-belle tour construite en pierres de taille, comme toute l'église, de forme carrée jusqu'aux deux tiers de sa hauteur, et octogone à la partie supérieure. La grande porte de l'église qui occupe le bas de cette tour est d'un style plus simple que les portails latéraux, dont celui au côté septentrional de l'église est décoré de trois statues représentant la Vierge entre deux anges, l'un desquels joue du violon et l'autre pince la guimbarde [1].

Le XIVᵉ siècle fut, comme on sait, l'époque où la Belgique devint le centre d'une industrie immense, prodigieuse, et telle que peu de villes en Europe pouvaient sous ce rapport rivaliser alors avec nos riches et populeuses communes. C'est à cette époque si célèbre dans les annales de ce royaume que l'on construisit dans la plupart de nos villes des halles, vastes entrepôts des matières premières et des produits des manufactures belges. Pendant le XVᵉ siècle, temps de la décadence de notre industrie, et durant la révolution du XVIᵉ siècle, presque tous ces monuments d'utilité publique furent anéantis ou changèrent de destination; aujourd'hui, si l'on en excepte les halles de Louvain et de Bruges, nous ne connaissons d'autres édifices de ce genre, élevés au XIVᵉ siècle, dont il subsiste encore des restes, que les halles aux draps de Malines et de Diest.

HALLE DE MALINES.

Les fondements de la *halle de Malines* furent jetés en 1340. Si ce bâtiment avait été achevé suivant le plan donné, il aurait été aussi remarquable par son étendue que par la beauté de son architecture, mais les troubles civils en firent suspendre les travaux [2]. Les restes

---

[1] Les fonts baptismaux en cuivre et de style gothique, datent de l'année 1449. (Voir *le Messager des arts et sciences*, 2ᵉ série, tom. IV, pag. 292).

L'ouvrage intitulé: *Châteaux et monuments des Pays-Bas* (tom. II, nº 128), contient une vue de l'église de Notre-Dame de Hal. On vend aussi sur les lieux une gravure en bois de cette église, qui est assez exacte.

[2] *Aº 1340 begonst men te bouwen de wevers halle welke soo men noch uyt haere beginselen merc-*

de cette halle bordent encore aujourd'hui un des côtés de la grand'place de Malines et ont été convertis, dans la suite, en prison et en corps-de-garde.

HALLE DE DIEST.

La grande *halle de Diest* construite vers 1316, ne le cédait pas, dit Gramaye, à celle de Louvain [1]. Cet édifice, changé postérieurement en théâtre de la société de rhétorique de Diest, et plus tard en boucherie, existe encore, mais très-mutilé. Il forme un trapèze isolé de cent pieds de longueur sur cinquante de largeur. Le rez-de-chaussée était entouré d'une galerie à arcades ogivales qui, avant qu'elle n'eût été bouchée, devait donner beaucoup de grâce et de légèreté à ce bâtiment. Depuis quelques années la façade de la halle a été aussi reconstruite en style moderne.

HÔTEL DE NASSAU A BRUXELLES.

En 1346, Guillaume de Duvenvoorde, seigneur de Donghen, éleva sur l'emplacement des bâtiments actuels du musée et de la bibliothèque de Bruxelles, un vaste et somptueux palais qui échut dans la suite en propriété à la famille de Nassau. Vers 1502, Englebert, comte de Nassau, le fit rebâtir sur un nouveau plan [2]. Détruit en grande partie par le feu dans les premières années du XVIIe siècle et en 1701 [3], ce palais devint après l'incendie de la cour qui eut lieu en 1731, la résidence des gouverneurs généraux des Pays-Bas autrichiens. Le prince Charles de Lorraine chargea, vers 1760, ses architectes Folte

---

ken kan, een allerschoonst werk soude geweest hebben, maer is om den borghelycken twist onvolmaeckt gebleven (CHRON. VAN MECHELEN, door Remm. *Valerius*, pag. 17.) Gramaye, *Mechl.*, pag. 5.

[1] *Halla major, ut loquuntur, sub Henrico cœpta principe (ex litteris consensus an. 1346 datis), Lovanensi non cedens.* (Gramaye, *Lovan.*, pag. 65.)

[2] L'abbé Mann, *Histoire de Bruxelles*, tom. I, pag. 52. De Reiffenberg, *Essai sur la statistique ancienne de la Belgique*, 2e partie, pag. 114.

[3] *Auraicum (palatium) in acclivi collis palatini, cujus magnam partem non ita pridem flamma depasta erat, incuria præfecti, ut dicebatur* (Gölnitz, *Ulysses Gallo-Belgicus*, p. 125.)

Une vue de l'incendie de 1701, a été gravée par Harrewyn d'après Coppens.

et Dewez, de reconstruire en style moderne la façade et les autres bâtiments du palais, à l'exception de l'aile gauche. Cette dernière est
aujourd'hui la seule partie subsistante des constructions du XVIe siècle, encore sa forme primitive a-t-elle été fortement altérée par la suppression des fenêtres et la démolition d'une partie de l'étage supérieur,
lorsqu'en 1827 on construisit les nouvelles salles du Musée. Les anciens bâtiments présentaient, comme l'édifice actuel, un carré long
entourant une cour de même forme. La façade était très-ornée dans le
style ogival tertiaire; les autres parties extérieures du palais étaient
d'une construction beaucoup plus simple. Six tours ou tourelles couronnées de flèches en bois s'élevaient aux angles et au centre des bâtiments de la cour, dont le rez-de-chaussée était bordé partiellement
d'une galerie à colonnes cylindriques et à arcs en anse de panier surmontée de deux étages de grandes fenêtres carrées disposées avec assez
de régularité. La chapelle du palais, bâtie en 1346, est aujourd'hui
le seul reste de l'hôtel de Guillaume de Duvenvoorde. Sa voûte ogivale
repose sur trois colonnes fort minces et sans chapiteaux. L'extérieur
de ce petit temple n'offre rien de remarquable [1].

HÔTEL DE VILLE DE BRUGES.

L'*hôtel de ville de Bruges*, dont Louis de Male, comte de Flandre,
posa la première pierre en 1377, est, à notre connaissance, le premier
édifice public de ce genre qui se soit fait remarquer en Belgique par le
luxe de son architecture. Bordé d'un côté par la chapelle du St-Sang et
de l'autre par le palais de justice, ce bâtiment n'est isolé que sur deux
de ses côtés, le côté postérieur et la façade. Cette dernière, qui donne
sur une place carrée assez grande, est ornée de six fenêtres longues et
étroites à ogives arrondies. Quatre de ces lancettes s'étendent depuis
le soubassement jusqu'à la corniche de la façade, et sont partagées en

[1] A côté de la porte on voit une vieille figure en bosse de saint Georges terrassant le dragon.
Cette sculpture très-mutilée paraît du milieu du XIVe siècle.
La chapelle de Nassau, qui servait de magasin à bière depuis le commencement de ce siècle,
et dont toutes les fenêtres avaient été muraillées, vient d'être restaurée complétement.

14

deux parties par des encadrements en plâtre sur lesquels étaient peintes
les armoiries de toutes les villes et communes de la Flandre, soumises
à la juridiction de Bruges, au nombre de vingt-quatre [1]. La partie inférieure des deux autres fenêtres est supprimée, sur un tiers de leur
hauteur, pour faire place aux deux portes de l'hôtel de ville, toutes
deux de même forme et dimension, à cintres ogivaux. Leurs voussures
sont bordées de festons dentelés et leurs archivoltes de crochets qui
se terminent au-dessus de la pointe de l'ogive par un panache ou fleuron. Entre les fenêtres, dont les archivoltes ont la même ornementation, sont placées en encorbellement, quarante niches couronnées de
dais. La façade est terminée par une galerie ou balustrade qui règne
à la hauteur du toit, et qui est formée d'arcades trilobées couronnées
de créneaux à trèfles évidées. Cette galerie pose sur une corniche ornée
de feuillages entablés et d'une suite de petits arceaux simulés et trilobés retombant sur des modillons. Elle est interrompue au centre et
aux deux extrémités par trois tourelles sortant en encorbellement de
la façade. Ces tourelles, de forme octogone, sont décorées de panneaux
et de niches, et se terminent en flèches bordées d'une élégante balustrade à quatrefeuilles encadrées et de pinacles à crochets. Les niches,
tant celles des tourelles que celles de la façade, contenaient les statues
en pierre et de grandeur naturelle de la vierge, d'un ange et de tous
les comtes et comtesses de Flandre, depuis Bauduin Bras-de-Fer
jusqu'à l'empereur Joseph II. Elles furent renversées et détruites
par les vandales révolutionnaires, le 13 décembre 1792. Toute la
façade de l'hôtel de ville de Bruges a en longueur 26 mètres 30 centimètres, et en hauteur, non compris le toit, 19 mètres 15 centimètres.
Le toit très-élevé, comme dans la plupart des constructions gothiques, est percé de six fenêtres dont les pignons supportent six statues
d'anges en cuivre battu. L'arête du toit est bordée d'une guirlande
tréflée. La face postérieure de l'hôtel de ville, devant laquelle s'étend
un canal, n'a d'autre ornementation que trois pignons flanqués de
quatre tourelles semblables à celles de la façade, mais d'un dessin plus

---

[1] Delpierre, *Annal. de Bruges*, pag. 96.

simple [1]. L'intérieur de l'hôtel de ville n'offre de remarquable que la vaste salle de la bibliothèque : « Le plafond, morceau extrêmement curieux, dit M. Delpierre, forme une voûte en bois, à arcs pendants en ogives : l'extrémité inférieure des arcs du milieu est destinée à y suspendre des candelabres. Les pierres qui servent de culs-de-lampe, à la naissance des ogives, datent de l'année 1398 : elles sont du sculpteur Pierre Van Oost, sans doute un des ancêtres du célèbre peintre brugeois de ce nom. Elles représentent les attributs des douze mois de l'année ; on les a placées lorsque la construction était déjà achevée. Les centres des ogives sont occupés par des patères représentant des sujets tirés du nouveau testament. Cette voûte et les ornements des portes anciennes de la salle sont encore peintes en rouge, bleu et or, ainsi que se décorait l'intérieur des édifices à cette époque [2]. »

ACADÉMIE DES BEAUX-ARTS A BRUGES.

Le bâtiment de l'académie des beaux-arts, autrefois *l'hôtel de la commune (poorterslogie)* est un autre édifice assez remarquable, dont la ville de Bruges s'embellit au XIVe siècle. Ce bâtiment, de forme carrée, bâti en briques et situé à l'extrémité d'un large canal, est d'une construction simple, mais assez élégante ; on peut s'en former une idée exacte par les dessins qu'en ont donnés Sanderus et M. Delpierre dans son *Album de Bruges* [3].

---

[1] Hope, pl. 88.

[2] Delpierre, *Annal. de Bruges*, pag. 98. M. Rudd a donné le dessin de ce plafond dans ses *Monuments de la ville de Bruges* qui contiennent aussi les plans et l'élévation de l'hôtel de ville. Cette dernière a été reproduite sur une plus petite échelle dans les *Annales* de M. Delpierre. On trouve encore des vues de cet édifice dans les *Délices des Pays-Bas*, dans la *Flandria illustrata* et dans plusieurs autres ouvrages.

[3] A l'époque où Bruges était une des villes les plus opulentes et les plus populeuses de l'Europe, on y éleva un grand nombre d'hôtels et de maisons remarquables. La plupart dataient du XVIe et du XVe siècle. On distinguait particulièrement l'hôtel des villes anséatiques, celui des négociants de Castille, celui des Génois, construit en 1441, et celui des Florentins bâti, en 1429, mais surtout l'hôtel désigné sous le nom *des sept tours*, parce que le faîte du bâtiment terminé en plate-forme était orné de sept tourelles. Cette maison, bâtie par les seigneurs de Muelenbeke, passait pour la plus belle de la ville. Ces hôtels, et d'autres encore, ont été gravés dans la *Flandria illustrata*. (Voir aussi Hope, pl. 88.)

CHATEAU DE VILVORDE.

Quoique, pour les motifs que nous avons allégués ailleurs, il n'entre pas dans notre plan de décrire dans ce mémoire les anciens châteaux de la Belgique, nous ferons cependant une exception à cet égard pour l'ancien château de Vilvorde, comme offrant le type le plus parfait de notre architecture militaire au moyen âge.

Le château de Vilvorde, construit en 1373, par ordre de Wenceslas, duc de Brabant, pour tenir en échec les communes de Louvain et de Bruxelles, toujours prêtes à se soulever, avait une ressemblance frappante avec la bastille de Paris, à laquelle il ressemblait encore sous un autre rapport, car il servait, comme ce dernier, de prison d'état. Il formait un carré long, entouré de fossés et muni de sept tours rondes. La plus grande de ces tours, ou le dongeon, remarquable par son élévation et l'épaisseur de ses murs, ne fut construit qu'en l'année 1503. La porte du château, percée à travers une des tours centrales, et à laquelle on abordait par un pont levis, conduisait à une cour carrée, autour de laquelle s'élevaient la chapelle et les bâtiments intérieurs de cette forteresse. Après avoir servi successivement de prison d'état et de dépôt aux archives du Brabant, le château de Vilvorde était tombé insensiblement en ruines, faute d'entretien [1]. En 1772, l'architecte Dewez fit, par ordre des états de Brabant, déblayer ces décombres et bâtit sur l'emplacement du château la maison de détention qui existe aujourd'hui [2].

ÉGLISE DE St-PIERRE A LOUVAIN.

La magnifique *église de St-Pierre à Louvain*, ancienne collégiale, aujourd'hui première paroisse de cette ville, eut pour fondateur, sui-

---

[1] C'est l'état dans lequel il se trouvait dès le commencement du siècle dernier. (Van Ghestel, *Descript. archiep.*, *Mechl.*, tom. I, pag. 130.)

[2] Butkens, Leroy, Cantillon et les *Délices des Pays-Bas*, donnent une vue de l'ancien château de Vilvorde; celle de Butkens est la plus exacte.

Les châteaux de Gaesbeeck, de Bouchout, de Bornival, d'Huldenberg, de Dion-le-Val, de

vant les uns, Lambert II, comte de Louvain, vers l'année 1047, et suivant d'autres, Lambert Ier, vers la fin du Xe siècle. Cette dernière opinion nous paraît la plus vraisemblable. Détruite par deux incendies en 1130 et 1373, ce n'est qu'après cette seconde catastrophe qu'on jeta les fondements de la vaste basilique actuellement existante, et dont la construction ne fut terminée que dans le courant du XVe siècle [1]

« Isolée entre deux places et deux rues, l'église de St-Pierre se présente sous la forme d'une croix latine de 300 pieds de longueur sur 75 de largeur. L'extérieur de l'église, construit en belles pierres de taille, devait offrir un aspect imposant par ses proportions colossales et la régularité de son plan, avant la chute de la tour et avant qu'on n'eût obstrué sa base par un grand nombre de maisons dont plusieurs sont de la plus chétive apparence.

» Des trois entrées qui donnent accès à l'église de St-Pierre, celle qui se trouve en tête de la grande nef est seule remarquable par une immense et superbe fenêtre ogivale, au-dessus de laquelle s'élevait jadis la tour de l'église, écroulée en 1604 [2]. Les portails latéraux, à l'extrémité de la croisée sont d'une construction fort simple. Le point d'intersection du chœur et des transepts porte une jolie coupole, ornée de pilastres ioniques et qui renferme le carillon de la ville. Elle fut construite en 1730 à la place d'une flèche en bois qui y existait antérieurement, et produit un bel effet, vue dans le lointain et se groupant avec les six tourelles à jour de l'hôtel de ville.

» L'intérieur de l'église forme un vaisseau vaste, élevé et de l'aspect le plus imposant; il est divisé en trois nefs séparées par deux rangs

Beersel, de Boulen, de ter Heyden près de Rotselaer, d'Opprebais, de Laurensart, de Grobbendonck, l'ancien château d'Hoogstraeten, mais surtout ceux de Beveren et de Ruppelmonde, en Flandre, étaient également remarquables comme monuments d'architecture militaire au moyen âge; mais, extérieurement au moins, ces édifices n'offraient aucun intérêt pour l'histoire de l'architecture ogivale.

[1] Le chœur et le grand portail datent des années 1433 et 1434. (De Reiffenberg, *Essai sur la statist.*, etc., 2e partie, p. 116. *Messager des sciences et des arts*, 2e série, tom. VI, pag. 156.)

[2] Suivant le plan primitif, la porte de l'église devait être couverte d'un très-beau porche, mais qui ne fut jamais achevé et dont on aperçoit encore des vestiges.

d'énormes piliers, au nombre de vingt-huit, composés chacun d'une
infinité d'arêtes réunies en faisceau, qui, sortant d'une base octogone,
s'épanouissent à la hauteur d'environ cinquante pieds pour s'unir aux
nervures des voûtes des bas-côtés et à celles des arcades de la nef principale. Ces dernières sont couronnées d'une galerie composée de meneaux trilobés et d'une balustrade à quatrefeuilles encadrées qui règne
autour de la nef, des transepts et du chœur. Cette galerie est couronnée
elle-même de grandes et belles fenêtres, dont l'ogive est formée par les
retombées de la voûte de l'église. Le chœur, entouré d'un mur à hauteur d'appui [1], est bordé à la partie antérieure par un jubé gothique,
qui peut être regardé comme un des monuments les plus remarquables
de ce genre, devenus rares en Belgique. Il consiste en trois arcades
ogivales, soutenues par des colonnes cylindriques très-exiguës, au-
dessus desquelles s'étend, dans toute la longueur du jubé, une suite
de niches couvertes de dais et contenant de petites statues. Au-dessus
de la plate-forme qui termine ce jubé, s'élève une immense croix gothique, aux deux côtés de laquelle sont placées les statues colossales en
bois, de la Vierge et de saint Jean, et dont la base est décorée de peintures qui paraissent aussi anciennes que le jubé même. Ce dernier doit
avoir été construit en même temps que le chœur de l'église, vers 1433,
quoique son architecture, qui appartient en partie au style gothique
tertiaire ou flamboyant, le fasse supposer de la fin du XVe siècle [2].

» Un objet plus digne encore de captiver l'attention de l'amateur des arts, dans cette belle basilique, c'est le magnifique tabernacle placé sur la gauche du chœur, à côté du maître-autel. Ce
petit monument, élevé en 1433, figure une tour gothique de la hauteur d'environ cinquante pieds, de forme pyramidale, découpée
comme une dentelle et ornée d'un grand nombre de groupes en
pierre, représentant des sujets de la passion. Ce tabernacle, qui re-

---

[1] Il y a peu d'années, ce mur était beaucoup plus élevé et dérobait presqu'entièrement la vue
du chœur.

[2] On vient de restaurer ce jubé, qui a été considérablement embelli par la démolition des murs
qui masquaient les deux arcades latérales. Le journal *L'Artiste* a donné le dessin d'un fragment
de cette élégante construction.

trace, dans des proportions réduites, la tour de Notre-Dame à Anvers et celle de l'hôtel de ville de Bruxelles, est d'une pureté de dessin et d'une perfection de travail qui témoignent de quel vif éclat les beaux-arts brillèrent en Belgique au XVᵉ siècle, sous la maison de Bourgogne [1]. »

Avant l'année 1456 ou 1458, le portail de l'église de Sᵗ-Pierre était flanqué de deux tours qui furent alors consumées par un incendie. En 1507 on forma le projet de les remplacer par trois autres tours en pierres de taille, d'architecture ogivale tertiaire et travaillées à jour [2]. Ces tours, dont on conserve au musée de l'hôtel de ville de Louvain le plan original et un modèle exécuté en pierre calcaire, auraient surpassé en élévation et en beauté tous les monuments de ce genre érigés jusqu'à ce jour. La tour centrale devait avoir 535 pieds (ancienne mesure de Louvain) de hauteur, et les deux tours latérales 430 pieds chacune [3]. Mais quoique Sanderus, Van Ghestel, Leroy et d'autres écrivains du XVIIᵉ et du XVIIIᵉ siècle, aient avancé que ce monument fut achevé suivant le plan projeté, des preuves nombreuses et irrécusables attestent que ces tours « œuvre prodigieuse devant laquelle les sept prétendues merveilles de l'antiquité auraient dû elles-mêmes fléchir le genou, » ne furent construites que jusqu'à la hauteur du toit de l'église, et qu'alors, soit faute de moyens pécuniaires, soit qu'on s'aperçût que les fondements étaient trop faibles et la base des tours trop étroite pour supporter une masse aussi énorme, on se borna à élever une flèche en bois qui tomba en 1604 après avoir été fortement endommagée par un ouragan en 1570 et en 1578 [4].

[1] Cette description de l'église de Sᵗ-Pierre est extraite d'une notice sur cette église, publiée dans le *Messager des sciences et des arts*, 2ᵉ série, tom. VI.

[2] Après l'incendie de la première tour, on posa, le 21 mai 1439, les fondements d'une nouvelle tour, comme l'indique un manuscrit des archives de la ville, consulté par M. De Reiffenberg, mais ce projet ne paraît pas avoir eu de suite.

[3] La fameuse tour de la cathédrale de Strasbourg, la plus haute des tours existantes, ne mesure que 437 pieds de roi. Celle d'Anvers n'a que 120 mètres.

[4] Voir le *Messager des sciences et des arts*, 2ᵉ série, tom. VI, pag. 162-169.

M. Piot, avocat à Louvain, possède un tableau, peint au XVIᵉ siècle, qui représente l'extérieur de l'église de Sᵗ-Pierre avant la chute de la tour. Les vues de cette église, dans la *Brabantia*

ÉGLISE PAROISSIALE DE WERVICK.

L'*église paroissiale de la petite ville de Wervick*, dans la Flandre occidentale, bâtie en 1214 et réédifiée entièrement après l'incendie qui la détruisit en 1382[1], bien qu'elle soit une de nos églises ogivales les moins riches d'ornementation, doit être comptée néanmoins au nombre des plus beaux édifices religieux de la Belgique par la justesse et l'élégance de ses proportions, l'élévation, la largeur et l'étendue de son vaisseau, divisé en trois nefs par deux rangs de colonnes cylindriques. En un mot, l'intérieur de cette belle église est d'un aspect aussi noble et aussi imposant que nos cathédrales les plus somptueuses. Le chœur n'a point de collatéraux. L'église manque d'un grand portail; on y entre par le côté gauche de la nef. Cette derrière est soutenue par des arcs-boutants, et décorée à sa partie antérieure d'une très-belle tour carrée.

ÉGLISE DES CARMES A MALINES.

L'*église des Carmes à Malines*, bâtie en 1386, était un grand et beau temple gothique, construit en forme de croix latine et à trois nefs. En 1400, le chevalier Florent de Hemstede fit élever contre cette église une belle chapelle consacrée à la Vierge. Les calvinistes détruisirent l'une et l'autre en 1580[2]. Rebâtie au siècle suivant dans un assez mauvais style, l'église des Carmes a été démolie après la suppression du couvent en 1797.

ÉGLISE DE Sᵗ-JULIEN A ATH.

La foudre tomba, il y a une vingtaine d'années, sur la tour de l'*église paroissiale de S'-Julien à Ath*, et consuma entièrement ce temple. Avant cette catastrophe, l'église de Sᵗ-Julien, réédifiée en

---

sacra, le *théâtre sacré et profane du Brabant*, la description du diocèse de Malines par Van Ghestel et dans les *Délices des Pays-Bas*, sont aussi défectueuses les unes que les autres.

[1] Gramaye, *Brugœ*, p. 131.

[2] Van Ghestel, tom. I, pag. 74. *Provincie, district en stad van Mechelen*, tom. 1.

1393 [1], avait la forme d'une vaste et belle basilique à trois nefs bordées de 27 chapelles. La nouvelle église élevée sur ses ruines est d'architecture moderne. Il ne subsiste plus d'autres restes de l'église incendiée que le chevet du chœur, le portail et la haute tour carrée en tête de la nef. Cette tour, percée sur chacune de ses faces d'une longue ouverture ogivale, était couronnée, avant l'incendie, d'une flèche en bois, qui s'élançait à une hauteur de plus de 300 pieds. Aujourd'hui la tour finit en plate-forme.

Pour terminer la liste des monuments remarquables de style ogival, érigés pendant le XIVᵉ siècle, il nous reste à décrire encore quelques édifices religieux, élevés à une époque dont nous ignorons la date précise, mais qui doivent avoir été, sinon construits en entier, au moins commencés dans le courant ou vers la fin de ce siècle : ce sont la chapelle dite des comtes de Flandre à Courtrai, l'église de l'abbaye d'Alne, celles de Notre-Dame du Lac à Tirlemont, et la cathédrale de Sᵗ-Rombaut à Malines.

CHAPELLE DE Sᵗᵉ-CATHERINE DITE DES COMTES A COURTRAI.

La chapelle de Sᵗᵉ-Catherine ou *des comtes de Flandre ('s Graven Kapelle)* est bâtie en hors d'œuvre, contre le bas-côté droit de l'église de Notre-Dame à Courtrai. Cette chapelle est grande, construite en carré long, et éclairée par de belles fenêtres de style rayonnant. La voûte en tiers-point et à nervures croisées est très-large, et ne repose sur aucune colonne; c'est là qu'étaient suspendus autrefois les éperons des chevaliers français tués à la bataille de Groningue. Mais ce que la chapelle des comtes offre de vraiment remarquable, ce sont les curieux bas-reliefs des panneaux en arcades trilobées et simulées, qui décorent les murs au-dessous des fenêtres. Ces bas-reliefs, sculptés à l'extrados des archivoltes de chacune de ces arcades, présentent une série de figures et de sujets les uns plus singuliers et plus bizarres que les autres; ce sont de véritables caricatures, parfois très-indécen-

---

[1] De Boussu, *Descript. de la ville d'Ath*, pag. 153.

tes, surtout eu égard au lieu où elles sont placées. Nous ne pouvons assez nous étonner que cette production intéressante de la sculpture au XIVe siècle, n'ait attiré jusqu'ici l'attention d'aucun de nos artistes ou de nos archéologues [1].

ABBAYE D'ALNE.

L'abbaye d'Alne, située sur la Sambre, à une lieue de Marchienne-au-Pont, fut fondée par saint Landelin en 651. Nous n'avons pu recueillir aucun renseignement sur l'histoire monumentale de ce monastère avant le XVIIe siècle. L'église, à juger des débris qui en restent, ne devait pas être antérieure au XIVe siècle. Cet édifice, divisé en trois nefs, était long de 176 pieds et haut de 80 pieds sous clef. Les transepts étaient particulièrement remarquables par leurs vastes dimensions; ils avaient une longueur de 160 pieds sur 33 de largeur [2]. Les bâtiments claustraux rebâtis au XVIIe siècle et qui surpassaient en magnificence et en étendue ceux de toutes les autres abbayes de la Belgique, furent brûlés en 1793 par la division de l'armée française commandée par le général Charbonnier. Il ne subsiste plus de l'église, qui subit le même sort, que le chevet du chœur, percé de longues et belles fenêtres ogivales, une partie des murs des bas-côtés de la nef et le portail, reconstruit en style moderne en même temps que les bâtiments des religieux.

ÉGLISE DE NOTRE-DAME DU LAC A TIRLEMONT.

La fondation de l'*église ou chapelle de Notre-Dame du Lac à Tirlemont* remonte à l'année 1297 [3]. Au siècle suivant ou vers le commencement du XVe siècle, on en entreprit la reconstruction sur un plan plus

---

[1] L'église de St-Martin, paroisse primaire de Courtrai, est ornée d'un très-beau porche et d'une haute tour carrée du XVe siècle. Le reste de l'église ne présente rien de remarquable.

[2] « L'église, dit l'abbé de Feller, en parlant de l'abbaye d'Alne, est un très-grand vase, bien élevé, bien éclairé. La croisée est une des plus grandes et des plus dégagées que j'aie vues. » (*Itinéraire de l'abbé de Feller*, tom. II, pag. 541.)

[3] Van Ghestel, et la *Descr. de la chef-mairie de Tirlem.*, p. 24 (dans le *Guide fidèle du Brab.*).

vaste et plus beau, mais ce projet ne reçut qu'un commencement d'exécution, car on ne termina que le portail, la tour et une petite partie
de la nef; il est à regretter que le reste de l'église n'ait point été
achevé sur le même dessin. Le portail, placé à la base de la tour et en
tête de la nef, est d'une assez riche ornementation, consistant principalement en une suite d'arcades ogivales et simulées s'élevant le long
et au-dessus de l'archivolte de la porte [1]. La chapelle devait avoir deux
autres entrées qui ont été supprimées. La tour, construite dans des proportions sveltes et élégantes, est de forme carrée, ornée aux quatre côtés de deux rangs d'ouvertures lancéolées et couronnée d'une flèche en
bois de forme rhomboïde et flanquée de quatre clochetons pyramidaux.

CATHÉDRALE DE MALINES.

L'emplacement de la *cathédrale de Malines* fut occupé d'abord par
une petite chapelle dans laquelle on conservait les reliques de saint
Rombaut. Les nefs de l'église actuelle auraient été commencées vers
la fin du XIIe siècle, suivant Van Gestel et les annalistes de Malines
qui fixent l'achèvement des bas-côtés du chœur à l'année 1227 [2] et la
consécration de l'église en 1312. D'un autre côté, ils rapportent que
l'on commença à officier dans le chœur en 1366, et que les travaux de
construction de l'église ne furent terminés que dans la dernière moitié
du XVe siècle. Il y a erreur et confusion dans l'indication de ces dates:
l'église construite au XIIe et au XIIIe siècle n'est point celle qui existe
de nos jours, comme l'atteste de la manière la plus évidente le style architectural de cet édifice. Cette première église fut dévorée par les
flammes en 1342, et ce n'est qu'après cette catastrophe qu'on jeta les
fondements de l'église actuelle. Le chœur qui, à l'exception du chevet,
paraît la partie la plus ancienne du bâtiment, fut consacré en 1366.

---

[1] Une partie considérable du portail est cachée aujourd'hui sous un mauvais placage moderne.

[2] Le seul fait que Van Gestel et ses copistes allèguent pour prouver que le chœur de l'église
actuelle fut construit dans la première moitié du XIIIe siècle, c'est que l'on voyait près de la
chapelle de St-Aubert, dans l'enceinte du chœur, le tombeau de Gautier Berthout III, avoué
de Malines, mort en 1219; mais ce tombeau pouvait avoir été transféré du chœur primitif dans
celui qui existe actuellement.

Les nefs n'ont été terminées que plus d'un siècle après, au moyen des dons faits à l'occasion du jubilé de 1451, et de ceux que produisirent les lettres d'indulgences accordées à ceux qui contribueraient de leurs frais à l'achèvement de la basilique, par le pape Nicolas V, en 1456, par Callixte III, en 1458 et en 1464, par Pie II, qui aida de ses propres deniers à l'accomplissement de cette œuvre chrétienne. De vieilles inscriptions flamandes, qui se lisent encore à la voûte du chevet du chœur et à celle de la grande nef, apprennent que la première fut fermée en 1451 [1] et la seconde en 1487 [2].

L'église de St-Rombaut, construite en croix latine, présente à l'intérieur un vaisseau vaste et élevé dont les nefs et le chœur sont soutenus par deux rangs de colonnes cylindriques couronnés de chapiteaux à feuilles de chou frisé. Au-dessus des arcades ogivales de la grande nef et du chœur, ainsi qu'au pourtour de la croisée, règne une galerie formée de quatrefeuilles encadrées et de meneaux trilobés. Les murs à l'intérieur du chœur sont tapissés, au-dessus des colonnes, d'une broderie en pierre composée de petites étoiles réunies par de légers filets. Cette ornementation, que nous n'avons vue dans aucune autre église de la Belgique, semble d'une date assez récente. Les collatéraux du chœur sont entourés de chapelles; le bas-côté méridional de la nef, décoré de panneaux, n'a point de chapelles; celles qui s'élèvent le long de la petite nef opposée ont des voûtes divisées en compartiments prismatiques, tandis que toutes les autres voûtes de l'église sont à nervures croisées, ce qui prouve que ces chapelles sont une addition postérieure (probablement du commencement du XVIe siècle). Des arcs-boutants s'appuient à l'extérieur de l'église contre les murs de la nef et du chœur [3]. La balustrade qui couronne les hauts combles de ce dernier est formée de petites arcatures ogi-

---

[1] *In 't jaer MCCCC vyftigh-een*
Was d'jaer van jubileen hier gemeen,
Doen wort gesloten desen steen.

[2] *Dit werck wort gesloten int jaer*
MCCCCLXXXVII openbaer.

[3] En 1830 on a bâti contre le flanc droit du chœur une sacristie en style ogival.

vales; celle qui règne autour du toit de la nef se compose de quatre-feuilles encadrées. Les grandes fenêtres ogivales de la nef sont aussi d'un dessin et de dimensions différents de celles du chœur. Les murs plats qui terminent les transepts sont percés, comme dans la plupart des grandes églises d'architecture gothique, de deux vastes fenêtres remarquables par la richesse de leurs découpures[1]; des arcades ogivales simulées remplissent les tympans des gables qui leur servent de couronnement et dont les côtés sont hérissés de crochets. L'entrée principale de l'église offre un très-beau porche en ogive placé au pied de la tour. Les voussures cannelées de l'arc du porche, aujourd'hui sans ornementation, devaient être décorées de dais et de statuettes, comme l'indiquent les crampons qui y subsistent encore. Ce porche et la magnifique tour de St-Rombaut furent commencés en 1452[2]. La tour n'a été achevée comme elle se présente aujourd'hui, qu'au commencement du XVIe siècle. Construite en pierre de taille, ornée de plusieurs rangs d'élégantes fenêtres lancéolées et d'une profusion de pinacles à crochets, elle s'élève à une hauteur de 97 mètres 30 centimètres. Cette masse énorme ne repose que sur les murs antérieurs de la nef de l'église et sur une voûte de plus de cent pieds d'élévation[3]. La plate-forme qui la couronne aujourd'hui, devait être surmontée, suivant le plan primitif, d'une haute flèche découpée à jour, ce qui aurait donné à cette superbe tour, une élévation de près de 600 pieds (de Malines)[4]. On

[1] Sur les vitraux du transept septentrional sont peints Louis de Male, comte de Flandre, la comtesse Marguerite, son épouse, et Marguerite, leur fille unique.

[2] Suivant les uns, les fondements de la tour furent posés en 1451, et suivant les autres en 1452 ou 1453. On lisait autrefois le millésime de 1465 sur une figure de lion sculptée au bas de la tour. D'après les comptes de la ville, la première pierre de la tour fut posée par Jean Van Muysen, bourgmestre (*communie-meester*) de Malines en 1452 (*Coup d'œil sur la métropole de Malines en* 1836, par M. Ghyseleer-Thys, archiviste de la ville, p. 1).

[3] On lit sur cette voûte le distique suivant :

> *Gesloten was ick tot elck aensien,*
> *Doen men schreef mvᶜxiij.*

[4] Azevedo, *Chronyke van Mechelen.* On trouve dans cet ouvrage, dans la *Descriptio archiepisc. Mechl.* de Van Gestel, dans le *Brabantia sacra* de Sanderus et dans le *Théâtre sacré du Brabant*, une vue de la tour telle qu'elle existe et telle qu'elle devait être construite. La meilleure gravure qui représente l'église de St-Rombaut est celle de Guillaume Haller.

prétend que les pierres préparées pour l'exhaussement de la tour servirent, en 1583, à la construction de la petite ville de Willemstad dans
le Brabant septentrional.

ÉGLISE DE L'ABBAYE DE St-MICHEL A ANVERS.

L'église de St-Michel à Anvers et *l'hôtel de ville de Bruxelles*, ou-
vrent la série des principaux monuments d'architecture ogivale,
construits en Belgique, pendant le XVe siècle.

Le premier de ces édifices, qui existait comme collégiale dès le
commencement du XIIe siècle, et que les chanoines qui en étaient
en possession cédèrent en 1124 à l'abbaye de Prémontrés, nouvelle-
ment fondée à Anvers par saint Norbert, fut réédifié au XVe siècle.
L'abbé Pierre Breem commença la reconstruction du chœur en
l'année 1400, mais l'achèvement de l'église est dû à l'abbé Jean
Fierkens, élu en 1452 et mort en 1476 [1]. La tour tombée en 1262
et brûlée en 1501, avait été rebâtie par l'abbé Jean Embrechts, entre
les années 1505 et 1514 [2]. Détruite une seconde fois par le feu en
1528, cette tour fut relevée postérieurement dans l'état où elle subsista jusqu'en 1830, à l'exception du couronnement, qui fut abattu
par les Français, pour y placer un télégraphe.

L'église de St-Michel présentait un grand vaisseau, en croix latine,
d'une construction simple et peu ornée. Deux rangs de colonnes cylindriques séparaient le chœur et la nef principale de leurs collatéraux. Les collatéraux du chœur étaient bordés de chapelles; il n'y
en avait point le long de ceux de la grande nef, dont le bas-côté septentrional était éclairé par des fenêtres à meneaux flamboyants; de
grands tableaux couvraient les murs de la petite nef méridionale, qui
était sans jours. Le chœur et la nef centrale avaient des voûtes ogivales à nervures croisées et ornées de pendentifs [3]. Des arcs-boutants

---

[1] Diercxsens, *Antverpia, Christo nascens et crescens*, tom. I, p. 364.

[2] Sanderus, *Brab. sacra. Description histor. du Brab.*, p. 244.

[3] Les *Acta sanctorum* des Bollandistes contiennent une vue de l'intérieur de l'église de S^t-
Michel, gravée par Henri Cause en 1694. (*Acta SS.*, *mense junio*, tom. I, p. 946.)

soutenaient les murs extérieurs de la grande nef, mais les transepts ne s'appuyaient que sur de simples contreforts. La tour, le plus bel ornement de l'église de St-Michel, était de forme carrée jusqu'aux deux tiers de sa hauteur, où elle se terminait par une plate-forme entourée d'une balustrade. La partie supérieure offrait un octogone percé de huit fenêtres ogivales, et couronné d'une balustrade à quatrefeuilles interrompues par des pinacles, derrière laquelle s'élevait une flèche en bois de forme élyptique. Les bâtiments claustraux avaient peu de régularité avant leur reconstruction en style moderne, au XVIIe siècle [1]. Après la suppression de l'abbaye, ces derniers furent convertis en maison centrale de détention, et l'église devint l'entrepôt public de la ville. Il ne reste plus aujourd'hui que de faibles débris de ces édifices, incendiés pendant le bombardement d'Anvers, en 1830.

HÔTEL DE VILLE DE BRUXELLES.

C'est chose étrange que nos vieux chroniqueurs, si prolixes souvent pour des faits de nulle ou d'une très-faible importance, nous aient laissés dans une si grande ignorance sur l'histoire de cette foule de monuments sacrés et profanes, dont la Belgique fut redevable, pendant le moyen âge, à la piété, au patriotisme et à l'industrie de ses habitants, et qui font encore aujourd'hui le plus bel ornement de ses villes. De là les graves erreurs chronologiques que la plupart des écrivains modernes ont commises et commettent sans cesse dans ces questions d'art et d'archéologie. Ainsi la date de la construction ou de l'achèvement des églises de Ste-Gudule, de Notre-Dame du Sablon, de Notre-Dame de la Chapelle et celle de l'hôtel de ville de Bruxelles, les quatre principaux monuments d'architecture ogivale qui décorent la capitale de la Belgique, sont ou désignées d'une manière erronée ou passées entièrement sous silence dans tous les ouvrages publiés jusqu'ici sur l'histoire et la topographie de Bruxelles, bien que les trois pre-

[1] Vue de l'église de St-Michel dans la première édition du *Brabantia sacra*, avec un plan à vue d'oiseau de la ville d'Anvers, dressé en 1565 par Virgile de Bologne, et gravé dans l'ouvrage de M. Willems, intitulé : *Onderzoek van den oorspronk der plaetselyke namen te Antwerpen*.

miers de ces édifices ne remontent, en partie, qu'à la seconde moitié du
XV⁵ siècle, et que le dernier appartienne tout entier à ce siècle. Gramaye récule l'époque de l'achèvement de l'hôtel de ville de Bruxelles
jusqu'à l'an 1434. Foppens, Fricx, l'abbé Mann et tous les écrivains
postérieurs, ne se trompent pas moins en la fixant à l'année 1448.
Ce ne fut pas non plus Jean Van Ruysbroeck seul qui exécuta les plans
et dirigea les travaux de ce vaste monument, suivant l'opinion généralement admise, mais deux autres architectes, dont les noms nous
sont inconnus. Les données suivantes, qui sont le résultat de nos propres observations jointes aux renseignements qui nous ont été fournis [1], rectifient ces erreurs et rétablissent la véritable chronologie
d'un des plus beaux édifices gothiques de l'Europe.

Les fondements de l'hôtel de ville de Bruxelles furent jetés en 1401
ou 1402; mais on ne construisit d'abord que l'aile gauche ou orien-
tale de la partie antérieure du bâtiment, depuis la tour jusqu'à la rue de
l'Étoile, et la façade en équerre sur cette rue. Ces constructions furent
terminées peu d'années après. Il y eut alors interruption dans les travaux jusqu'à l'année 1444, lorsque le comte de Charolois (depuis
Charles-le-Hardi, duc de Bourgogne) posa, le 4 mars, la première
pierre de la magnifique tour qui fut élevée sur les plans de Jean Van
Ruysbroeck et achevée en 1454 [2]. L'aile méridionale et la façade qui
longe la rue de la Tête-d'Or, n'ont été bâties que vers la fin du XV⁵ siècle,
comme l'attestent leur ornementation et le style de leur architecture.

---

[1] Nous devons ces renseignements à l'obligeance de M. Wouters, attaché à l'établissement
géographique de M. Vander Maelen, jeune savant qui s'est livré à de longues et consciencieuses
recherches sur l'histoire de Bruxelles.

[2] On lit dans une petite chronique manuscrite du XV⁵ siècle, conservée aux archives du royaume
et que nous croyons pouvoir attribuer à un moine du couvent des Carmes de Bruxelles : *Item doen
men screef mccccxliij* (vieux style), *op des iiij⁵ dach van merte doen leyde die jonghe heer van Sarlot
den iersten steen om te meerderen der stadhuys te Bruesel, onder den torre daer hy selve steet ge-
maect te noerdenwert.* Dans une autre chronique flamande écrite au XV⁵ siècle, par deux religieux
du prieuré de Rouge-Cloître, près de Bruxelles, chronique dont je possède une copie, on lit :
*Item doen men screef 1445 doen was sinte Michiels torre volmaect ende den ingel daer op geset,
ende eene vrouwe die kindt droech verloste dan boven by sinte Michiel op den torre.* Il résulterait
de ce passage que la construction de la tour n'aurait duré que deux ans, mais ce fait est démenti
par les comptes de la ville, qui apprennent qu'en 1449 la tour était encore loin d'être achevée.

Dans le principe l'hôtel de ville devait présenter un trapèze d'environ 250 pieds de longueur sur 50 de largeur, qui devint au XVIᵉ siècle un carré parfait par le prolongement des côtés latéraux, et par l'addition de l'aile postérieure parallèle à la rue de l'Amigo. La façade principale ou le côté-long qui domine la grand'place, se compose d'un rez-de-chaussée, bordé d'un portique de dix-sept arcades ogivales, qui supportent une plate-forme garnie d'un parapet ou balustrade formée d'un mur plein, et de deux étages de fenêtres carrées divisées en croix par des meneaux, et dont 26 sont encadrées chacune d'un arc simulé en ogive trilobée. Les chambranles et les linteaux de ces fenêtres sont cannelés et d'un très-beau profil. Le long du toit, percé de quatre rangs de lucarnes, règne une balustrade crénelée et découpée à jour. Chaque angle de la façade est flanquée d'une tourelle octogone, entourée de trois balustrades superposées et couronnée d'une aiguille en pierre [1]. La porte, placée entre la 11ᵉ et la 12ᵉ arcade du portique, est couverte d'un arc en ogive évasée flanqué de deux pinacles à voussures cannelées et chargées de dais. Le vestibule, dans lequel on pénètre par cette porte, a une voûte également ogivale et à nervures croisées, ornées de culs-de-lampe historiés. Au-dessus de cette porte s'élance, à une hauteur de 100 mètres 50 centimètres, une admirable tour ou beffroi, chef-d'œuvre d'élégance, de hardiesse et de légèreté, et sans contredit le plus beau monument de ce genre qui existe dans toute l'étendue de la Belgique, sans en excepter même la tour trop vantée de l'église de Notre-Dame à Anvers [2]. Quoique la façade de l'hôtel de ville ait partout la même élévation, et semble bâtie sur un plan uniforme, néanmoins l'aile à droite de la tour, qui est d'une

---

[1] Il y avait autrefois à la tourelle de l'angle méridional quatre statues posées dans des niches. On présume que c'étaient celles de Philippe-le-Bon, de Charles-le-Hardi, de Marie de Bourgogne et de Maximilien.

[2] La tour de l'hôtel de ville de Bruxelles, ce monument inimitable, comme l'appelle un juge bien compétent, M. de Caumont, est aujourd'hui tellement connue partout, et a été si souvent reproduite par le pinceau, le burin et le crayon, que nous avons cru inutile d'en donner la description. Il est également superflu de faire observer que la tour et l'hôtel de ville tout entier sont construits en pierre de taille extérieurement, remarque qui s'applique à tous les édifices dont il est parlé dans ce mémoire, chaque fois que nous ne faisons pas mention du contraire.

16

construction plus récente, diffère essentiellement de l'aile opposée
par son ornementation et par le style de son architecture. Le portique de l'aile gauche est couvert d'une voûte ogivale à nervures
croisées, et ses arcades retombent sur de simples pieds-droits en forme
de piliers butants, tandis que les arcades de l'aile droite, beaucoup
plus évasées, portent une voûte divisée en compartiments prismatiques, et reposent sur des pilastres carrés alternant avec des colonnes
cylindriques à chapiteaux historiés représentant des scènes de la vie
privée. Les fenêtres du premier étage à gauche de la tour, moins longues que celles du côté droit, ne sont pas comprises non plus comme
ces dernières sous un arc ogival simulé. Elles sont surmontées d'un
rang de niches couronnées jadis de dais, disposition qui manque à
l'autre aile [1]. On remarque également que la partie droite de la façade, plus courte que l'autre, de la longueur de deux fenêtres, n'a pas
toute l'étendue qu'elle devait avoir, car la dernière fenêtre de chaque
étage n'existe qu'à moitié, et est coupée verticalement par la tourelle
bâtie à l'angle du bâtiment [2].

L'ordonnance des façades latérales ou petits côtés de l'ancien trapèze est la même que celle de la façade antérieure, sauf le portique du
rez-de-chaussée qui n'y existe pas. Elles se terminent par des pignons
découpés en créneaux, et flanqués de plusieurs tourelles octogones et
pyramidales. Les bâtiments qui entourent la cour intérieure de l'hôtel
de ville, sont de la construction la plus simple. Les salles de l'édifice

---

[1] Autrefois la façade de l'hôtel de ville de Bruxelles était beaucoup plus ornée que de nos
jours, comme l'atteste la gravure qui représente cet édifice dans le *Bruxella septennaria* de Puteanus, publié en 1646.

[2] De l'inachèvement de cette partie de la façade, et de ce que l'hôtel de ville n'a pas été construit sur un seul plan et à une même époque, résulte que la tour n'occupe pas le point central
de la façade. Il n'y avait donc point pour Jean Van Ruysbroeck motif de se pendre, parce que,
par inadvertance, il aurait oublié de placer sa tour au centre du bâtiment, fable absurde et niaise,
qui a été reproduite dans presque toutes les histoires et descriptions de Bruxelles.

Quelques auteurs ont prétendu que, d'après le plan primitif, il devait y avoir deux tours uni-
formes aux deux extrémités de l'hôtel de ville; cette hypothèse est également dénuée de fondement
et démentie par la forme même et l'architecture de l'édifice, non moins que par la destination
de la tour ou beffroi.

ont toutes perdu leur caractère et leur décoration primitive depuis le XVIIe siècle. La salle la plus vaste, connue sous le nom de salle gothique, est d'une construction toute récente et de style pseudo-ogival. La partie postérieure et moderne de l'hôtel de ville, qui fait face à la rue de l'Amigo et qui se prolonge sur les rues de la Tête-d'Or et de l'Étoile, a été rebâtie entre les années 1706 à 1717. Les bâtiments qui y existaient antérieurement dataient du XVIe siècle, et furent détruits dans le bombardement de 1695. Ils paraissent avoir appartenu au style ogival tertiaire [1].

HALLE AUX DRAPS A GAND.

La *nouvelle halle des drapiers à Gand*, bâtie en 1424, à côté du beffroi [2], a une façade en pierre de taille d'un assez beau gothique, quoique peu étendue : elle se termine en pignon et est percée de plusieurs rangs de fenêtres ogivales d'un profil pur et élégant. Cet édifice sert depuis 1613 de salle-d'armes à la confrérie de St-Michel, dite des Escrimeurs.

L'ancienne halle avait été bâtie en 1228. Elle était située dans la rue appelée *Hooghe poort* (haute ville), et s'étendait vers le beffroi dans la direction de la place actuelle de la Parade. Nous ignorons la forme et l'ordonnance architecturale de ce bâtiment, qui existait encore en 1427, car le soi-disant duc d'Égypte Michel y logea cette année avec toute sa suite.

HALLE AUX DRAPS A BRUGES.

L'érection de la *halle aux draps à Bruges*, nommée *Water halle*

---

[1] Les dessins gravés ou lithographiés de l'hôtel de ville de Bruxelles, sont en très-grand nombre. Il suffira de mentionner la belle gravure qui se trouve dans le *Bruxella septennaria* et les lithographies de MM. Gavard et Simoneau.

[2] Diericx., *Mémoire sur la ville de Gand*, tom. I, Chap. 3. Steyaert, *Beschryv. van Gend*, fol. 154.

M. Voisin s'est trompé en fixant la construction de cet édifice à l'année 1325 (*Guide dans Gand*, pag. 154).

(halle à l'eau), de ce qu'elle était bâtie sur un canal et que les ba-
teaux marchands pouvaient y venir à couvert sous des galeries voûtées,
prendre et déposer leurs marchandises, remonte, non au XIIIe siècle,
comme l'avance M. Rudd, mais au commencement du XVe siècle,
date fixée par Gramaye d'après des documents authentiques. Ce vaste
bâtiment, qui bordait le côté gauche de la grand'place de Bruges, présentait une longue façade à un seul étage de quinze fenêtres en ogives
surbaissées, au-dessus desquelles régnait le long du toit une balustrade interrompue à distances égales par des piédestaux portant des
boules en pierre. Le côté latéral terminé en pignon, était percé d'une
porte à archivolte ornée de crochets et surmontée de trois fenêtres ogivales divisées par des meneaux. Ces fenêtres étaient couronnées elles-
mêmes de quatre rosaces. La *Water halle,* dont Sanderus et M. Rudd
nous ont conservé le plan, fut démolie en 1789 et remplacée par de
beaux bâtiments d'architecture moderne.

ÉGLISE DE NOTRE-DAME A ANVERS.

L'*église de Notre-Dame à Anvers,* ci-devant métropolitaine, aujourd'hui première paroisse de cette ville, n'était au commencement
du XIIe siècle qu'une simple chapelle, qui fut érigée en collégiale
lorsque, en 1124, elle devient l'église des chanoines du chapitre de
St-Michel. Cette chapelle fit place vers 1252, à une nouvelle église
qui ne subsista que jusqu'au commencement du XVe siècle. Le chœur
de l'église actuelle paraît même dater de la seconde moitié du XIVe
siècle. Les nefs n'ont été terminées que dans les premières années
du XVIe siècle.

L'église de Notre-Dame, le plus grand et l'un des plus beaux temples de la Belgique, a dans œuvre 117 mètres de longueur et 65
mètres de largeur à la croisée. L'intérieur du vaisseau, de l'aspect le
plus majestueux, est divisé en sept nefs par six rangs de colonnes

sans chapiteaux et formées de nervures prismatiques réunies en faisceaux [1]. Les voûtes des cinq nefs centrales sont ogivales et à nervures croisées; celles des deux nefs extrêmes ont des cintres surbaissés et
à compartiments prismatiques. Le chœur, dont les colonnes sont semblables à celles de la partie antérieure de l'église, n'a qu'un seul rang
de bas-côtés, mais en 1521 on projeta d'y ajouter un autre rang de collatéraux, afin de lui donner la même largeur qu'aux nefs. La première
pierre de cette nouvelle construction fut posée au mois de juillet de
cette année, par Charles-Quint, accompagné de Christiern II, roi
de Danemarck, et d'une suite nombreuse [2]. Ce projet ne reçut qu'un
commencement d'exécution; car un incendie ayant consumé, en
1533, toute l'église à l'exception du chœur, on suspendit les travaux
d'agrandissement et on employa les fonds qui y avaient été destinés
à réparer le dommage causé par ce sinistre [3]. La chapelle, longue de
soixante pieds et à voûte prismatique que l'on voit au collatéral gauche
du chœur, est un reste de l'amplification ordonnée par Charles-Quint.
D'autres chapelles, plus anciennes, flanquent les bas-côtés du chœur.
Il n'y en a point dans les nefs, dont les parois sont couvertes de panneaux jusqu'à la naissance des fenêtres. Les murs entre les arcades
et les fenêtres de la nef principale et du chœur, ainsi que les transepts,
sont également décorés de panneaux à arcades simulées, trilobées et
couronnées d'une balustrade ou galerie composée de quatrefeuilles
encadrées. Les fenêtres de la grande nef sont en ogives très-évasées, et
la plupart simples et sans meneaux; celles du chœur présentent au
contraire des découpures rayonnantes d'un dessin fort élégant. La
jolie coupole octogone qui s'élève au centre des transepts ne date

---

[1] Ces colonnes et celles du chœur sont au nombre de 125, portant 230 arcades. Les sept nefs
ont ensemble 52 mètres de largeur; la nef centrale a environ 10 mètres.

Au siècle dernier, les nefs étaient encombrées d'un grand nombre d'autels accolés aux colonnes,
qui étaient en outre chargées d'épitaphes, de statues et de tableaux. Tous ces ornements mes-
quins et de mauvais goût ont disparu vers 1799. On a détruit en même temps le jubé, construit
dans le style du XVIIe siècle, et qui cachait la vue du chœur.

[2] *Antwerpsch chronykje*, pag. 18. *Polygraphe belge*, pag. 164.

[3] *Diericxsens*, tom. II, pag. 130 et 249.

que de 1534 [1]. Elle est décorée d'arcades festonnées et d'autres ornements de style flamboyant [2].

L'enceinte extérieure du chœur est incontestablement la partie la
plus ancienne de l'église de Notre-Dame. Son ornementation consiste
en de doubles arcs-boutants ornés de nombreux pinacles, et de quatrefeuilles découpées à jour, et en une balustrade à arcatures ogivales
qui fait le tour du toit. Les murs extérieurs des nefs contrastent, par
leur nudité, avec la richesse de décoration de ceux du chœur, et
avec la beauté et l'élégance du portail principal, des tours et de l'intérieur de l'église. Ils sont de la construction la plus simple, sans balustrades et flanqués de contreforts d'une très-faible saillie. Un porche
à voussures cannelées compose chacun des portails latéraux de l'église,
placés à l'extrémité des transepts, dont les fenêtres et les ornements
du gable sont de style ogival tertiaire. Le grand portail, en tête de la
nef, se compose d'un magnifique porche à voussures cannelées et ornées d'un feston treflé. Ce porche est surmonté d'une vaste fenêtre
plein-cintre, dont l'arc également festonné, embrasse deux grandes
lancettes subdivées par des meneaux en plusieurs moindres ogives. Le
fronton à angle aigu, qui termine le portail, a pour ornements une
balustrade à arcades trilobées, des arcades ogivales simulées et des crochets qui bordent les côtés latéraux du triangle. La superbe tour en
pierre de taille, haute de 122 mètres 925 millimètres ou 430 pieds,
ancienne mesure d'Anvers [3], dont le portail est flanqué du côté nord,
fut commencée en 1422 ou 1423 sur les plans de l'architecte Appelmans, auquel d'autres documents donnent le nom de Jean Amelius.
Les travaux, souvent interrompus, n'ont été terminée qu'en 1518 [4].

---

[1] *Polygraphe belge*, p. 165. *Diericxsens*, tom. II, pag. 251.

[2] Le tableau représentant l'Assomption de la Vierge, qui orne la voûte de cette coupole, est
peint par Corn. Schut, élève de Rubens. La statue en bronze de l'enfant Jésus, placée au-dessus
de la coupole à l'extérieur de l'église, fut fondue en 1535, sur un modèle fourni par le peintre
Gommaire van Neerbroeck.

[3] L. Serrure, *Notice historique sur la tour de N.-D. à Anvers*, pag. 6. *Bibliothèque des antiq.
belgiq.*, tom. I, pag. 218.

[4] *Idem*, pag. 3—5. C'est aussi sur les plans d'Appelmans que fut bâtie l'église paroissiale de

Après les nombreux dessins qui ont été gravés ou lithographiés de ce monument colossal [1], et surtout après la publication du magnifique plan dessiné par M. Serrure, l'habile architecte chargé de la restauration de la tour de Notre-Dame, nous nous croyons dispensé d'en donner la description dans ce mémoire. Nous nous contenterons d'observer que suivant les annales manuscrites de la ville d'Anvers, par le père Papebroch, au lieu du lourd couronnement qui la défigure, la tour devait avoir un étage de plus qu'elle n'a aujourd'hui [2], ce qui lui eût donné infiniment plus de grâce et de légèreté. En 1430 on jeta les fondements de la tour méridionale placée à droite du portail. Cette tour, à laquelle on se proposait de donner la même forme et les mêmes dimensions qu'a la tour septentrionale, n'a été élevée qu'à un tiers de sa hauteur [3].

St-George, détruite par les iconoclastes au XVIe siècle, puis reconstruite, et de nouveau démolie en 1799. Appelmans, décédé en 1434, y avait sa sépulture.

[1] Voir surtout la lithographie de M. Simoneau, la gravure de Joseph Hunin de Malines, éditée en 1825, et les superbes plans de M. Goetghebuer, dans le grand ouvrage sur les principales églises de l'Europe, dédié au pape Léon XII.

Le célèbre peintre flamand Pierre Neefs a peint un tableau qui représente l'intérieur de l'église, mais à juger par la gravure qui a été faite de cette toile, qui faisait partie autrefois du cabinet du duc de Choiseul, cette représentation n'était pas très-fidèle. M. De Reiffenberg cite deux autres intérieurs de l'église de Notre-Dame, par le même peintre, dont l'un se trouve au musée de Bruxelles, et le second se voit au musée de Paris (*Essai sur la statist.*, etc., p. 114).

[2] Voici comment s'exprime à ce sujet M. l'architecte Serrure, dans la *Bibliothèque des antiquités belgiques* : « Je suis d'avis que le plan de Jean Amelo n'a été suivi que jusqu'à la galerie dite de pierre (c'est celle où la tour devient à jour) ; car il est évident qu'à cette hauteur elle se rétrécit brusquement et perd même cette forme si svelte que l'on remarque dans toutes ses pyramides et dans toute sa partie basse. Ce qui me raffermit encore davantage dans mon opinion, c'est qu'à cette même hauteur les quatre principales pyramides qui retiennent les arcs-boutants de l'escalier à jour, viennent porter à faux, et dans les reins de la voûte de la partie inférieure : une d'elles retombe même en grande partie au-dessus de la lanterne de l'escalier qui mène à cette galerie, et semble n'être soutenue que par son noyau, qui n'a qu'une faible épaisseur. On observe aussi que plusieurs moulures vont se perdre contre d'autres parties sans aucun motif, et que plusieurs sculptures sont travaillées si délicatement et sur une si petite échelle, qu'on peut à peine les distinguer de la galerie même ; tandis que dans la partie basse tout est large et de grand caractère. Toutes ces circonstances me portent à croire que l'on s'est écarté du plan primitif dans la construction de la partie supérieure de la tour. »

[3] Le P. Papebroch avance, nous ne savons sur quel fondement, que la première idée d'Amelius avait été d'orner l'église de Notre-Dame de cinq tours, dont trois auraient occupé les extrémités et le centre des transepts.

ÉGLISE DE Sᵗ-GOMMAIRE A LIERRE.

A l'époque où eut lieu la reconstruction de l'église de Notre-Dame
à Anvers, commença aussi celle de l'*église de Sᵗ-Jean*, aujourd'hui de
Sᵗ-Gommaire, paroisse primaire de la ville de Lierre. Ce fut en 1425
que l'on posa les fondements de ce beau temple, dont la construction
ne fut terminée qu'au bout de 145 ans[1]. L'église de Sᵗ-Gommaire est
un de nos monuments religieux les plus élégants et les plus réguliers
de style ogival secondaire, modifié dans quelques détails d'ornementation par le style flamboyant. Deux rangs de colonnes cylindriques
à bases octogones et à chapiteaux ornés de feuilles de vigne forment
le chœur et les trois nefs de cette belle église, bâtie en croix latine et
longue d'environ 250 pieds. Le triforium, dans la nef centrale et le
chœur, se compose, comme dans la plupart des églises du XIVᵉ et du
XVᵉ siècle, de meneaux trilobés et d'une balustrade formée de quatrefeuilles encadrées. A l'entrée du chœur s'élève un magnifique jubé de
style flamboyant, construit sous le règne de Charles-Quint, comme
l'indiquent les armes et la devise de ce prince, qui y sont sculptées.
Des panneaux couvrent les murs à l'intérieur du chœur, et ceux des
collatéraux de la nef, où l'on ne voit qu'une seule chapelle au bas-
côté droit. Toutes les voûtes de l'église sont ogivales et à nervures
croisées. Les meneaux qui subdivisent les fenêtres se bifurquent en
figures flamboyantes. Extérieurement l'église est aussi d'un fort bel
aspect, par sa régularité, par les grands arcs-boutants qui décorent et
renforcent le chœur, par les doubles balustrades qui couronnent les
hauts-combles des nefs, et par la haute et belle tour qui surgit
au devant de l'église. Cette tour, commencée en 1436 et achevée en
1453, est carrée jusqu'aux deux tiers de sa hauteur; sa partie supérieure se compose de deux étages octogones dont le dernier, terminé

---

[1] Les nefs furent achevées en 1443. La croisée, commencée en 1460, fut terminée en 1475.
La construction du chœur dura de 1478 à 1515, mais les collatéraux et les transepts n'ont été
couverts qu'en 1557 (Van Lom, *Beschryv. der stad Lier*, bl. 307—322).

en coupole, est de style moderne et remplace une haute flèche en bois détruite par la foudre en 1702 [1].

CHAPELLE DE JÉRUSALEM A BRUGES.

L'église ou chapelle de Jérusalem à Bruges, construite vers 1435 aux frais de Pierre Adornès, bourgmestre de Bruges, et de son épouse Isabelle Bradrix, mérite d'être mentionnée pour la singularité de son plan, qui s'écarte de celui de toutes les églises de style ogival élevées en Belgique. Bien que la tradition porte que son fondateur ait voulu que cet édifice fût une imitation exacte de l'église du St-Sépulcre à Jérusalem, et que Pierre Adornès tînt tellement à cette conformité qu'il fit exprès deux fois le voyage de la Terre-Sainte, rien ne se ressemble moins que ces deux églises [2]. La chapelle de Jérusalem se compose d'une petite nef très-simple et d'un chœur beaucoup plus élevé, de forme octogone, ou carrée à angles coupés, qui est éclairé par un rang de fenêtres ogivales et surmonté extérieurement de trois galeries en bois superposées. Les angles de la face antérieure sont flanqués de deux longues tourelles placées en encorbellement. Dans l'intérieur de cette petite église on remarque le tombeau du fondateur et de son épouse, avec leurs statues en pierre bleue, couchées et de grandeur naturelle.

ÉGLISE DE St-MICHEL A GAND.

L'église de St-Michel à Gand existait déjà en 1105, mais seulement comme chapelle succursale de la paroisse d'Ackerghem. Elle brûla en 1120 et 1125, et fut érigée en église paroissiale en 1147. Un nouvel incendie la consuma en 1212 ou 1215. La construction de l'édifice ac-

---

[1] Il n'existe point, à notre connaissance, de gravure ou de lithographie qui représente l'église de St-Gommaire.

[2] Pour en avoir la preuve, on n'a qu'à confronter la vue de l'église de Jérusalem qui se trouve dans la *Flandria illustrata* avec celle de l'église du St-Sepulcre, dans le livre de Dapper intitulé *Beschryving van Syrien en Palestyn*.

tuel ne remonte qu'à l'année 1440, et son achèvement à 1480 [1]. Après la cathédrale de St-Bavon, St-Michel est la plus belle église gothique que possède la ville de Gand. L'intérieur, vaste et élevé, se compose de trois nefs et d'un chœur portés sur des colonnes cylindriques d'un léger module, et munies de chapiteaux à feuilles de chou frisé. Les voûtes des bas-côtés de la grande nef sont en tiers-point; des compartiments prismatiques sillonnent celles de la nef, du chœur et de ses collatéraux. L'extérieur, de l'église soutenu par des contreforts d'une faible saillie, est d'une construction très-régulière mais peu ornée, à l'exception du grand portail qui présente un beau porche à voussures cannelées, surmonté d'une plate-forme bordée d'une balustrade formée de quatrefeuilles encadrées. Ce porche paraît d'une époque plus ancienne que la haute et belle tour carrée au pied de laquelle il est placé, et qui fut bâtie entre les années 1445 et 1512. La tour restée inachevée devait porter une flèche en bois dont la pointe aurait atteint la hauteur de 400 pieds [2].

HÔTEL DE VILLE DE MONS.

L'hôtel de ville de Mons, commencé en 1440 et achevé en 1443 [3], n'offre de remarquable qu'une façade percée de deux rangs de fenêtres à ogives en accolade, dont les archivoltes sont ornées de crochets et couronnées de fleurons. La porte, posée au centre de la façade, est surmontée d'un balcon en pierre placée en encorbellement. Des niches couvertes de dais, décorent les murs de séparation entre chaque fenêtre. La coupole moderne qui domine le toit ne fut élevée qu'en 1718 [4].

TOUR DE L'ÉGLISE DE Ste-GERTRUDE A LOUVAIN.

L'église de l'ancienne abbaye de Ste-Gertrude à Louvain, édifice

---

[1] Diericx, *Mém. sur la ville de Gand*, tom. I, chap. VII.

[2] Vues de l'église de St-Michel dans la *Flandria illustrata* et dans les *Chateaux et monuments des Pays-Bas*, tom. II, n° 148. Lithographie de Sturm.

[3] De Boussu, *Hist. de la ville de Mons*, pag. 147.

[4] Vue de l'hôtel de ville de Mons au tom. III des *Délices des Pays-Bas*, édition de 1785.

mesquin et fort irrégulier, ne mérite aucune mention, mais sa haute tour carrée est couronnée d'une magnifique flèche en pierre de taille, travaillée à jour, et après la tour d'Anvers et celle de l'hôtel de ville de Bruxelles, le plus beau monument de ce genre qui existe en Belgique. Cette flèche, flanquée de quatre clochetons octogones, à aiguilles hérissées de crochets, est de forme pyramidale et se compose de longs meneaux également bordés de crochets, qui s'étendent d'un seul jet depuis la base de la flèche jusqu'à la plinthe qui porte la croix. La partie carrée ou inférieure de la tour, d'un style très-simple, présente à chacune de ses quatre faces quatre fenêtres lancéolées et géminées, placées sur deux rangs superposés. A la face antérieure, un grand œil-de-bœuf surmonte la porte principale de l'église, dont l'arc ogival est enrichi de crochets et d'un panache. Deux niches couronnées de dais accompagnent la porte de droite et de gauche. La tour de Ste-Gertrude fut achevée en 1455; mais l'époque à laquelle on en jeta les fondements nous est inconnue. La tradition porte qu'elle fût construite, ou au moins commencée, aux frais de la riche corporation des drapiers de Louvain [1].

HÔTEL DE VILLE DE LOUVAIN.

L'ordre chronologique que nous observons dans la description de nos principaux monuments d'architecture ogivale, nous conduit maintenant à parler de l'*hôtel de ville de Louvain*, un des chefs-d'œuvre de cette architecture, et compté, à juste titre, parmi les plus beaux édifices érigés pendant le moyen âge, non-seulement en Belgique, mais dans toute l'étendue de l'Europe. Néanmoins, malgré la haute importance de cet admirable monument, les nombreux dessins, tant gravés que lithographiés, qui en ont été faits et qui sont répandus partout, nous dispenseront d'entrer dans de longs et fastidieux détails architectoniques à son sujet. Il suffira donc d'en faire connaître le plan et les dispositions principales.

---

[1] Vues de l'église de Ste-Gertrude dans le *Brabantia sacra* et le *Théâtre sacré du Brabant*.

L'hôtel de ville de Louvain, dont la première pierre fut posée le
jeudi après Paques de l'année 1448, fut achevé dès l'an 1463 [1], terme
bien court, sans doute, pour la construction d'un monument qui dé-
ploie un luxe d'ornementation auquel on ne trouve rien à comparer
dans le reste de la Belgique. Jusqu'ici toutes les recherches faites pour
découvrir le nom du grand artiste auquel on doit les plans de cet édifice
sont restées infructueuses, quoique celui-ci n'ait pas encore quatre
siècles d'existence. Ce n'est pas la grandeur de ses dimensions qui
rend l'hôtel de ville de Louvain si remarquable, mais la régularité
de son plan ; l'élégance et la justesse de ses proportions, la beauté et
la pureté de ses profils, et davantage encore la richesse, la variété
et le fini de l'innombrable quantité de sculptures qui couvrent tous
ses murs extérieurs. Il forme un trapèze d'environ cent pieds de longueur et de hauteur sur cinquante pieds de largeur, isolé sur trois
de ses faces. Le côté long ou la face antérieure présente, au-dessus d'un
haut soubassement, trois étages de fenêtres ogivales au nombre de dix
à chaque étage, à l'exception du rez-de-chaussée, où les deux fenêtres
centrales font place aux deux portes d'entrée, exécutées dans la même
forme et les mêmes proportions que les fenêtres [2]. Ces dernières, divisées en croix par des meneaux, se terminent en arc ogive, dont l'archivolte est bordée de crochets et couronnée d'un panache. Des panneaux
et une corniche décorent les murs qui séparent perpendiculairement
chaque rang de fenêtres. Entre les fenêtres du premier étage sont placées
en saillie trente-six niches, surmontées de dais sculptés à jour avec une
extrême délicatesse et hérissés de crochets. Les deux étages supérieurs
n'ont chacun que dix-huit niches, mais plus longues que celles de l'é-
tage inférieur, ce que l'architecte a fait sans doute pour se conformer
aux lois de la perspective. Les bases de toutes les niches offrent des sculp-

---

[1] De Reiffenberg, *Essai sur la statistique*, etc., pag. 117.
Les frais de construction de l'édifice ne se sont élevés qu'à la somme de 32,786 florins, 7 sous,
2 liards et 12 blancs. (Piot, *Hist. de Louvain*, pag. 271.)

[2] Le perron en pierres bleues, et à rampes de style flamboyant, par lequel on parvient à ces
portes, fut construit au commencement du siècle dernier.

tures en haut relief, représentant les principaux faits de la bible. La plupart de ces sujets sont traités avec une grande naïveté ; quelques-uns se distinguent [1] par la finesse et la bonne exécution du travail. Une large balustrade ou galerie crénélée, découpée en échiquier et interrompue à distances égales par neuf pinacles à crochets, sert de couronnement à toute la façade. Elle règne le long d'un toit fort élevé et percé de trois rangs de lucarnes gablées. L'ordonnance des deux côtés latéraux de l'hôtel de ville qui se terminent en pignon, est pareille en tout à celle de la façade. Aux quatre angles de l'édifice et au centre de chacune des faces latérales, s'élèvent six tourelles octogones, dont les parties supérieures, bâties à jour et surmontées de flèches pyramidales, sont des modèles de grâce et de légèreté [2]. Le système d'ornementation des façades a été également adopté pour ces tours.

L'intérieur de l'hôtel de ville de Louvain n'offre de remarquable en constructions anciennes que les deux vastes salles qui occupent toute la longueur du rez-de-chaussée et du premier étage. La salle inférieure ne se distingue que par son étendue et la grande portée de son plafond en bois, dont les poutres sont ornées de quelques bas-reliefs ; mais celle du premier étage se fait remarquer par la beauté de sa voûte en bois de chêne, décorée de nombreux pendentifs et de sculptures qui représentent des scènes de la passion [3].

PALAIS DE PHILIPPE-LE-BON A BRUGES.

Dans la première moitié du XV⁰ siècle, Philippe-le-Bon bâtit a

[1] Ou plutôt *se distinguaient;* car depuis la récente restauration de l'hôtel de ville, ces bas-reliefs, dont la plupart étaient trop endommagés pour pouvoir être rétablis, ont été enlevés et remplacés par de nouveaux bas-reliefs, calqués sur les anciens avec plus ou moins d'exactitude.

[2] Dans presque tous les dessins qu'on a faits de l'hôtel de ville, ces tourelles sont mal rendues et paraissent trop courtes et trop massives, par la raison, sans doute, que la grand'place de Louvain étant peu étendue, on n'a pu les dessiner à une distance convenable.

[3] Les meilleures vues qui ont été publiées de l'hôtel de ville de Louvain, sont celles gravées par De Noter et Goetghebuer, et celles qui ont été lithographiées par Geeds de Louvain, et par Simoneau fils. Le dessin des tourelles et d'un des gables de ce monument, au tom. II de l'*Histoire de l'architecture*, par Hope, est on ne peut plus inexact. On le croirait fait de mémoire.

Bruges un vaste palais, auquel il fit faire de grands embellissements
lorsqu'il y tint le chapitre de la Toison d'Or, en 1457 [1], mais cet
édifice, détruit depuis longtemps, ne nous est connu que par le peu
de mots qu'en dit Gramaye [2], et par la gravure que Sandérus en a
donné dans sa *Flandria illustrata*.

PRIEURÉ DE GROENENDAEL.

Le *prieuré de Groenendael,* dans la forêt de Soigne, fondé en 1304
et reconstruit avec une sorte de magnificence entre les années 1450
et 1500, était orné d'un vaste cloître quadrangulaire, percé de fenêtres ogivales, et dont le quatrième côté était bordé par l'église, grand
vaisseau d'une construction simple, mais très-régulière. En 1520,
Philippe de Clèves fit élever, à la suite des bâtiments claustraux, un
palais qui servit souvent de rendez-vous de chasse à Charles-Quint [3].
L'infante Isabelle y séjourna aussi fréquemment et y ajouta plusieurs
embellissements. Du reste, comme monument, ce palais n'avait rien
de remarquable, du moins extérieurement. Le prieuré de Groenendael ayant été supprimé en 1784, l'église et les autres bâtiments furent
vendus, pour être démolis, en 1787. Il n'en subsiste plus aujourd'hui
que les débris d'une tour et quelques substructions. Une maison de
campagne moderne occupe son emplacement.

---

[1] Voir le curieux extrait d'un registre de l'ancienne chambre des comptes en Brabant, que
M. De Reiffenberg, a inséré au tome X de son édition de l'*Histoire des ducs de Bourgogne*, par
De Barante. Ce registre renferme de nombreux détails sur les travaux exécutés alors à l'hôtel
du duc.

[2] *Principis erat olim hospitio destinata area cum domibus ad lœvam in Burgo, ut nunc res
sunt....... Sed producto in eam amplitudinem urbis pomœrio, Philippus Burgundio palatium
aliud sibi comparavit et adornavit, aëre libero, area spaciosa, portico in ambulationibus oportuna,
portis duabus, tricliniorum amplitudine, cubiculorum gratia non utique contemnendum.* (Gramaye,
Brugœ Fland., pag. 96.)

[3] En 1553 il y vint accompagné de son fils Philippe, roi de Naples; d'Éléonore, reine de
France, veuve de François Ier; de Marie de Hongrie, gouvernante des Pays-Bas; de Maximilien,
archiduc d'Autriche et roi de Bohême, avec son épouse Marie, fille de Charles-Quint, et de Muley-
Hassem, dey de Tunis. (L'abbé Mann, *Hist. de Bruxelles,* tom. I, pag. 107.)

CHARTREUSE DE SCHEUT.

En 1456, Philippe-le-Bon, Isabelle son épouse, et le comte de Charolois leur fils, fondèrent, à une petite distance des remparts de Bruxelles, *la chartreuse de Scheut,* dont les auteurs du temps vantent l'étendue et la magnificence. Mais comme il n'existe, à notre connaissance, ni tableau, ni gravure qui représente les bâtiments de ce monastère, détruit de fond en comble par les calvinistes, en 1580, nous ne pouvons entrer dans aucun détail sur leur distribution et leur architecture. La chapelle de Scheut, située à quelques pas de la porte de Ninove, formait le chœur de l'église de la Chartreuse. Cet oratoire percé de fenêtres ogivales sans subdivisions et séparées par des contreforts, ne donne pas une grande idée de cette église dont la construction avait été commencée vers 1459.

ÉGLISE DE St-SULPICE A DIEST.

L'église de St-Sulpice, paroisse primaire de Diest, bel édifice de style ogival secondaire, existait dès le XIIe siècle, puisqu'on lit qu'en 1163, Helwige, veuve d'Arnould, sire de Diest, en accorda le patronage à l'abbaye de Tongerloo [1]; sa reconstruction ne paraît remonter qu'à la seconde moitié du XVe siècle, et eut lieu probablement en 1457, lorsque cette église fut érigée en collégiale [2]. L'église de St-Sulpice est un grand vaisseau en croix latine composé d'un chœur sans collatéraux et de trois nefs soutenues par des colonnes à nervures réunies en faisceaux, au-dessus desquelles règne une galerie à meneaux trilobés. L'extérieur de l'église, construit en calcaire ferrugineux, est renforcé par de grands arcs-boutants, et ne présente ni tour ni portail.

ÉGLISE DE St-BAVON A GAND.

La fondation de l'église cathédrale de S^t - Bavon (autrefois de

---

[1] Van Ghestel, *Descript. archiep. Mechl.*, tom. I.

[2] *Descript. hist. du Brab.*, pag. 80.

St-Jean [1]) remonte au Xe siècle. La crypte, la partie la plus ancienne de l'église actuelle, fut consacrée par St-Transmare, évêque
de Noyon, en 941. Quoique refaite ou restaurée au XIIIe siècle, cette
crypte conserve en grande partie sa forme primitive [2]. Elle occupe
toute la longueur du chœur, et repose sur plusieurs rangs de piliers carrés, qui reçoivent les retombées des voûtes croisées et à cintres surbaissés. Suivant l'historien Meyer, l'église de St-Bavon fut reconstruite en
1228 [3]; mais ceci ne peut s'entendre que des nefs, car le chœur ne le fut
que vers l'année 1274 par le collége échevinal des Trente-Neuf [4]; il y a
lieu de croire que c'est celui qui subsiste encore aujourd'hui, au moins
les colonnes et le triforium, qui sont de style ogival primaire. Le 26
mai 1461, Philippe Courould, abbé de St-Pierre, posa la première
pierre de la tour, achevée en 1534 sur les plans de l'architecte Jean
Stassius [5]. Les nefs et les transepts furent rebâtis de nouveau en 1533 [6].
On en jeta les fondements le 7 août de cette année; ils n'étaient pas
encore terminés en 1550, puisque par lettres du 6 octobre, Charles-
Quint donna alors une somme de 15,000 couronnes pour leur achèvement [7].

L'église de St-Bavon, une des belles et des plus grandes églises gothiques de la Belgique, est, comme d'ordinaire, bâtie en croix latine.

---

[1] Ce n'est qu'en 1540 que le nom de St-Bavon fut substitué à celui de St-Jean, lorsque le cardinal Alexandre Farnèse transféra dans cette église la chapitre de St-Bavon érigé en 1536.

[2] Presque toutes les cryptes des anciennes églises sont antérieures au XIIe siècle. Nous n'en
connaissons qu'une seule de style ogival en Belgique, celle de l'église de St-Hermès, à Renaix.
Cette crypte, qui est belle et d'une étendue considérable, est divisée en trois nefs par des colonnes
cylindriques. Elle date probablement du XIVe siècle. On trouve une vue de la crypte de St-Bavon
dans les *Châteaux et monumens des Pays-Bas.*

[3] Meyer, *Annal. Flandr. ad ann.* 1228. Diericx, *Mém. sur la ville de Gand*, tom. I, p. 331, etc.

[4] Van Vaernewyck, *Historie van Belgis*, dern. édit., tom. II, pag. 269.

[5] Idem, tom. II, pag. 226 et 237. De Reiffenberg, *Essai sur la statistique,* etc., pag. 118.

[6] Idem, tom. II, pag. 244.

[7] « L'église actuelle de St-Bavon, dit Diericx, doit surtout son existence à Charles-Quint, puisqu'il y contribua pour la somme de quinze mille couronnes italiennes, chacune de la valeur de
trente sous, et que l'ouvrage fut dirigé par son architecte. Tous les détails relatifs à la construction
de cet édifice sont spécifiés dans un acte de 6 décembre 1550, par lequel on les expose au rabais :
acte curieux, qui est enregistré à l'ancien greffe de la ville. » (*Mém. sur la ville de Gand*, tom. I).

Deux rangs de colonnes à nervures prismatiques réunies en faisceaux la partagent en trois nefs. A la place du triforium de la nef centrale et des transepts, il n'existe qu'une simple balustrade en fer. Le chœur, construit au-dessus de la crypte, et dont le sol est beaucoup plus élevé que celui de la partie antérieure de l'église, est soutenu par des colonnes cylindriques, couronnées par des chapiteaux à volutes ou feuilles recourbées. La galerie au-dessus de ce premier ordre se compose d'une suite d'arcades géminées à ogives treflées et inscrites dans un arc ogival majeur. Elle est surmontée de grandes et belles fenêtres de style rayonnant, divisées chacune par trois meneaux couronnés de rosaces. Les fenêtres qui éclairent le devant du chœur et la grande nef, présentent des ogives très-évasées, sans subdivisions, et dont la largeur égale presque la hauteur. Les extrémités des transepts sont percées de deux vastes fenêtres de style flamboyant. Le chœur et ses collatéraux ont des voûtes en tiers-point et à nervures croisées; celles des nefs et de la croisée sont à cintres surbaissés et ornées de compartiments prismatiques. De nombreuses chapelles s'élèvent le long des bas-côtés de la grande nef et du chœur. Le rond-point de l'église est marqué par la chapelle de la Vierge d'une étendue assez grande, et séparée du chœur par des colonnes cylindriques. Le grand portail de l'église, au bas de la tour, offre, comme celui de l'église de St-Michel, un porche profond à voussures cannelées, et surmonté d'une plate-forme bordée d'une balustrade à quatrefeuilles encadrées. La tour, d'un beau style et construite dans des proportions très-élégantes, se compose de trois divisions ou étages percés de quatre rangs superposés d'ouvertures lancéolées à archivoltes hérissées de crochets et couronnées d'un panache. Les deux premières divisions sont de forme carrée; la troisième présente un octogone flanqué aux angles de quatre contreforts isolés, liés à la tour par des arcs-boutants. La plate-forme qui termine aujourd'hui la tour à une hauteur de 272 pieds, portait autrefois une belle flèche en bois, qui fut consumée par la foudre en 1603. Les autres parties extérieures de l'église de St-Bavon n'offrent rien de remarquable. Les murs des nefs et du chœur ne sont soutenus que par de sim-

18

ples piliers-butants, et n'ont pas des balustrades à la hauteur du toit. Ces dernières n'existent que sous le gable des transepts, qui sont encadrés par de longues et minces tourelles octogones [1].

ÉGLISE DE Ste-WAUDRU A MONS.

L'*église de Ste-Waudru à Mons*, fondée au VIIe ou au VIIIe siècle, rebâtie au XIIe, après deux incendies qui la détruisèrent en 1093 et quelques années plus tard, fut reconstruite dans l'état actuel en 1460. Il s'écoula un espace de cent trente ans avant que cette vaste basilique ne fût achevée, à l'exception du portail et de la tour qui sont restés imparfaits jusqu'à ce jour. Le chœur fut terminé le premier. Les voûtes des bas-côtés ne datent que de 1525 et 1527, et celle de la nef principale de 1580 et 1589. La consécration solennelle de l'église eut lieu en 1582.

On attribue les plans de l'église de Ste-Waudru à un architecte montois, nommé Jean de Thuin, mais cet artiste étant mort en 1556, ne peut avoir donné·les premiers dessins de cette église, dont les fondements furent jetés près d'un siècle avant son décès. Jean de Thuin et son fils, qui acheva l'édifice, n'auront donc fait que continuer ou modifier les travaux commencés par leur prédécesseur.

L'église de Ste-Waudru, qui passe à juste titre pour un des plus beaux édifices religieux de la Belgique, appartient au style ogival secondaire, si l'on en excepte les fenêtres qui sont ornées dans le style flamboyant. Bâti en forme de croix latine et divisé en trois nefs, le vaisseau de l'église de Ste-Waudru a 108 mètres 60 centimètres de longueur, 35 mètres 75 centimètres de largeur, et 24 mètres 56 centimètres de hauteur sous clef. La grande nef, et le chœur qui mesure à lui seul 32 mètres 71 centimètres de longueur sur 10 mètres 60 centimètres de largeur, sont séparés de leurs bas-côtés par trente piliers composés d'une multitude de nervures groupées en faisceaux, et qui,

---

[1] Vues de l'extérieur de l'église de St-Bavon dans la *Flandria illustrata* et dans les *Délices des Pays-Bas*. L'intérieur lithographié par H. Borremans, et magnifique gravure de M. Goetghebuer.

parvenues à une hauteur de soixante pieds, s'épanouissent pour former les arcades des nefs et du chœur et les arêtes des voûtes des bas-côtés. De ces trente colonnes, seize supportent la voûte du chœur et quatorze celle de la nef. Au-dessus des arcades de la nef et du chœur règne une galerie à meneaux trilobés et à quatrefeuilles encadrées. La lumière pénètre dans l'église par quatre-vingt-dix fenêtres ogivales de style flamboyant. Celles du chœur sont ornées de vitraux peints qui, lorsqu'ils sont éclairés par un beau soleil d'été, colorent des teintes les plus brillantes le pavé et les murs de cette partie de l'église, et contribuent à donner à ce monument ce caractère sombre et mystérieux qui convient si bien à nos vieilles cathédrales [1].

L'église de Ste-Waudru est du très-petit nombre de nos temples gothiques dont l'intérieur n'a pas été défiguré par un ignoble badigeonnage. Les voûtes, toutes en tiers-point, sont construites en briques d'un beau rouge ; leurs nervures croisées, les colonnes, les archivoltes des arcades et la galerie de la nef et du chœur le sont en pierres bleues, d'un appareil et d'une coupe parfaits.

L'extérieur de Ste-Waudru, bâti en pierres de taille, est d'un très-bel effet par sa régularité, par son élévation et par son étendue. Il est du reste d'un style très-simple, son ornementation se bornant à ses grandes et belles fenêtres ogivales et aux gables bordés de crochets qui surmontent les chapelles des bas-côtés de la nef et du chœur. Suivant le plan primitif, le porche du portail principal aurait été couronné d'une superbe tour découpée à jour et haute de 190 mètres, 68 mètres de plus que celle de Notre-Dame à Anvers [2]. Cette tour, dont les fondements furent jetés en même temps que ceux de l'église, n'a été élevée que jusqu'à la hauteur des nefs. Le projet adopté récemment par la régence de Mons, de construire le vaste perron par lequel on devait aborder au portail, aura un meilleur

---

[1] Le chapitre et l'église de Sainte-Waudru à Mons. *Revue de Bruxelles*, juillet 1839, pag. 45.

[2] M. Châlon, à Bruxelles, possède le plan original de la tour de Ste-Waudru, dont il promet la prochaine publication (*Revue de Bruxelles*, septembre 1839, pag. 192). Il est aussi l'auteur d'un grand et magnifique dessin de l'intérieur de l'église.

succès ; déjà les travaux sont en pleine exécution et promettent d'être terminés avant peu de temps [1].

ÉGLISE DE NOTRE-DAME DES VICTOIRES OU DU SABLON, A BRUXELLES.

En 1304 le corps des arbalétriers de Bruxelles, connu sous le nom de confrérie du grand serment, obtint sur le nouveau cimetière de l'hôpital de St-Jean, un terrain pour y bâtir une chapelle en l'honneur de la Vierge [2], sur l'emplacement de laquelle fut érigée plus tard la grande et belle église paroissiale actuelle de *Notre-Dame, dite du Sablon.* Suivant une chronique inédite de Bruxelles, qui ne date que du XVIIme siècle [3], les nefs et la tour auraient été construites en 1378; mais le style architectural de l'église prouve à l'évidence que cet édifice ne remonte tout entier qu'à la seconde moitié du XVme siècle, à l'exception du porche au transept septentrional. Il paraît hors de doute que les travaux de construction commencèrent par ce porche au XIVme siècle, et qu'ayant été suspendus peu de temps après, ils n'auront été repris que vers 1470 ou 1480, et terminés au commencement du siècle suivant.

L'église de Notre-Dame du Sablon, longue de 65 mètres sur 37 mètres de largeur aux transepts et 26 mètres dans les nefs, est, après celle de Ste-Gudule, le plus beau temple gothique de Bruxelles, et pourrait être comptée même parmi les principaux monuments d'architecture ogivale de la Belgique, si elle n'était restée inachevée extérieurement. L'intérieur de l'église présente un grand vaisseau, d'une belle élévation et divisé en cinq nefs. Les trois nefs centrales sont soutenues par des colonnes cylindriques avec bases octogones et chapiteaux à feuilles de chou frisé. Des nervures prismatiques réunies en faisceaux servent de supports aux deux autres collatéraux, créés par la suppres-

---

[1] Vue extérieure de l'église de Ste-Waudru, dans les *Délices des Pays-Bas.* Cette gravure est fort mauvaise.

[2] *Bulletin de l'Académie*, tom. V, pag. 77.

[3] *Chronique de Bruxelles*, par le chanoine de Bley, à la bibliothèque de Bourgogne.

sion des chapelles qui régnaient des deux côtés de la partie antérieure de l'église. Le triforium est formé de meneaux qui se groupent en figures flamboyantes. Toutes les fenêtres de l'église appartiennent au même style. Le chœur n'a point de collatéraux. Les voûtes de l'église sont ogivales et à nervures croisées. L'extérieur de l'église du Sablon, construit sur un plan simple, sans arcs-boutants ni balustrades, est décoré à l'entrée principale d'un porche à voussures cannelées, surmonté d'une vaste fenêtre flamboyante et bouchée aujourd'hui, au-dessus de laquelle devait surgir une haute tour quadrangulaire. Un porche semblable, mais d'un style plus ancien, comme nous l'avons déjà dit, d'une plus riche ornementation et dont les parois et les voussures sont chargées d'une suite de petits dais sans niches, donne accès à l'église par le transept septentrional ; il est surmonté d'une grande rose flamboyante, beaucoup moins ancienne. Le pignon triangulaire qui devait servir de couronnement à ce transept n'a pas été construit. L'entrée latérale au transept opposé ne présente pas de porche, et la rose y est remplacée par un grand œil-de-bœuf ou rose sans meneaux. Le tympan du gable est orné de plusieurs arcades simulées, géminées et ogivales [1].

ÉGLISE D'ANDERLECHT.

L'église paroissiale et ci-devant collégiale du village d'Anderlecht, près de Bruxelles, est un temple gothique en croix latine et construit dans des proportions fort régulières. Cette église fut rebatie, telle qu'elle existe aujourd'hui, en 1470. Son principal ornement à l'extérieur est une belle tour carrée en pierres, couronnée d'une balustrade à quatrefeuilles encadrées, placée en tête des nefs. L'intérieur de l'église, d'un style très-simple et sans sculptures, est soutenu par deux rangs de colonnes cylindriques. Le chœur, privé de collatéraux, s'élève au-dessus d'une crypte fort ancienne. Il n'y a point de galerie dans la nef centrale. Les chapelles qui flanquent les bas-côtés sont

---

[1] Deux tableaux, au musée de Bruxelles, représentent l'église de N.-D. du Sablon, telle qu'elle était au commencement du XVIIe siècle.

couvertes extérieurement par des gables munis de crochets, et dont
les tympans offrent chacun trois arcades simulées en ogives trilobées.
Les fenêtres qui éclairent les nefs, le chœur et les transepts, sont découpées en roses, en quatrefeuilles et autres ornements rayonnants [1].

ÉGLISE DE St-JACQUES A ANVERS.

L'église paroissiale de St-Jacques à Anvers, doit son origine à une
chapelle fondée en 1404. On jeta en 1479 les fondements de l'église
actuelle, dont la tour fut commencée, en 1491, et le chœur achevé en
1507 [2]. St-Jacques, la plus grande et la plus belle église ogivale d'Anvers, après celle de Notre-Dame, est longue d'environ 100 mètres et
large de 50. Elle a de triples nefs et un chœur formés par deux rangs
de colonnes cylindriques à bases octogones, et dont les chapiteaux sont
ornés de feuilles de chou frisé. Ses transepts sont également divisés en
trois nefs par des colonnes semblables. Il n'existe point de triforium
dans la grande nef, mais des balustrades flamboyantes, en forme de
balcon, au-dessous de chaque fenêtre. Des chapelles bordent les collatéraux de la nef et du chœur. Les voûtes de l'église sont ogivales et
à nervures croisées, à l'exception de celles du chœur et de l'intersection des transepts, qui présentent des compartiments prismatiques.
L'extérieur de l'église de St-Jacques est décoré d'une très-belle tour
carrée, mais inachevée, dont les ouvertures à ogives festonnées et les
autres ornements appartiennent pour la plupart au style flamboyant.
Le grand portail, au bas de cette tour, est construit en forme de porche à voussures prismatiques, et fut refait en partie dans le XVIIe siècle. Les tours de la grande nef sont soutenues par de simples contreforts
et portent une corniche sans balustrades. Ces dernières se trouvent
seulement à la naissance des gables des deux transepts, et se composent de quatrefeuilles encadrées. Le portail latéral au transept du

---

[1] Grande gravure qui représente l'extérieur de l'église d'Anderlecht, dans le *Théâtre sacré de Brabant*.

[2] Diericxsens, *Antverpia*, etc., liv. 2, pag. 399, tom. III, pag. 55. *Antwerpsch cronykje*, pag. 3.

nord, a été reconstruit en style moderne au siècle passé ; celui du transept méridional est d'un beau dessin et d'une riche et élégante ornementation en style ogival tertiaire [1].

ÉGLISE DE NOTRE-DAME A MALINES.

Quelques auteurs font remonter à l'épiscopat de St-Lambert l'origine de la belle *église paroissiale de Notre-Dame à Malines*, laquelle, d'abord simple chapelle, fut érigée en paroisse en 1255, et rebâtie vers la fin de ce siècle des pierres tirées d'une carrière appartenante à l'abbaye de Dilighem [2]. L'église actuelle ne date que de la fin du XVme et de la première moitié du XVIme siècle. Gilles du Bois, curé de Notre-Dame, posa la première pierre du chœur en l'année 1500, comme l'apprend une inscription placée à l'entrée de cette partie de l'église [3]. Les chapelles qui bordent les collatéraux du chœur furent construites entre les années 1513 et 1520, les transepts en 1545, et la partie postérieure du chœur ou le chevet de l'église, en 1642.

Il est facile de voir que, dans la construction de l'église de Notre-Dame, on a pris pour modèle celle de St-Rombaut, avec laquelle l'intérieur de l'église de Notre-Dame a une parfaite ressemblance, sauf l'étendue du vaisseau. Elle se compose, comme l'église de St-Rombaut, de trois nefs et d'un chœur soutenus par deux rangs de colonnes cylindriques à chapiteaux ornés de feuilles de chou frisé, au-dessus des arcades desquelles règnent une galerie formée de meneaux tri-

---

[1] Il existe un beau dessin lithographié de l'intérieur de l'église. Plusieurs autres lithographies représentent l'extérieur du monument.

[2] Sanderus, *Brab. sacra*, tom. I, pag. 388. *Provincie, stad ende district van Mechelen*, etc., tom. I.

[3] *Anno Domini MV^c posuit me Ægidius de Busco, pastor hujus ecclesiæ, tempore Philippi Austriæ, Maximiliani regis Romanorum filii.*

Plusieurs fenêtres du chœur ont été données en 1566, par des personnages illustres, tels que le cardinal de Granvelle, Charles Vander Linden, abbé de Parc, Antoine, prieur de Villers, Jaspar Schets, receveur général des finances et son épouse Catherine d'Ursel, François Sonnius, évêque de Bois-le-Duc, Jean Veltacker, abbé de Tongerloo, Remi de Harlut, vicomte de Bergues-St-Winox et son épouse Helwige Vanden Nieuwenhuyzen. On y voit les portraits et les armoiries de tous les donateurs.

lobés et une balustrade ornée de quatrefeuilles encadrées. Comme à
St-Rombaut, les bas-côtés du chœur sont garnis de chapelles, et les
murs des collatéraux de la nef, qui n'ont point de chapelles, couverts
de panneaux jusqu'à la naissance des fenêtres. Toutes les voûtes de
l'église sont en tiers-point et à nervures croisées. Les fenêtres des
bas-côtés de la nef sont de style ogival secondaire; celles de la nef
principale, des transepts et du chœur (à l'exception des fenêtres qui
éclairent le rond-point bâti en 1642, et qui ne sont pas subdivisées par
des meneaux) appartiennent par leur ornementation à l'architecture
ogivale de la troisième époque. Les côtés extérieurs du chœur et des nefs,
d'un dessin très-simple, présentent des contreforts peu prononcés. Les
portails latéraux aux extrémités des transepts offrent de jolis porches
en accolade et légèrement festonnés, surmontés d'une longue et belle
fenêtre à ogive, arrondie et divisée par des meneaux qui se bifurquent
en compartiments flamboyants. La tour carrée et inachevée en tête de
l'église est d'une forme beaucoup trop grêle et trop élancée [1].

ÉGLISE DE LA VIERGE ET DE St-MARTIN A ALOST.

L'*église paroissiale de la ville d'Alost*, dédiée à la Vierge et à
St-Martin, a été reconstruite dans l'état où nous la voyons, vers 1498,
lorsqu'elle fut érigée en collégiale par la translation du chapitre de
Haeltert [2]. Ce serait sans contredit une des églises les plus grandes et
les plus belles de la Belgique, si elle n'était restée inachevée; il y
manque aujourd'hui les deux tiers de la longueur des nefs, le grand
portail et la tour. Le chœur est vaste et séparé de ses collatéraux par
des colonnes cylindriques. Trois colonnes semblables partagent longi-
tudinalement chaque transept en deux nefs, dont l'étendue est égale
à celle de la partie antérieure et non terminée de l'église. D'autres colonnes, mais d'un moindre diamètre, séparent le chœur d'une grande
chapelle de la Vierge qui en occupe le chevet. L'extérieur de l'église

---

[1] Il existe une très-belle et grande gravure représentant d'une manière fort exacte l'extérieur de l'église. Elle fut dessinée en 1753, par J.-B. Joffroy, et gravée par Ant. Opdebeeck.

[2] Gramaye, *Gandavum*, pag. 33.

d'Alost est construit dans le style régulier mais simple, qui règne ordinairement dans cette partie des églises du gothique tertiaire. Les portails latéraux et leurs gables sont garnis de jolis ornements flamboyants. Le grand portail et une haute tour carrée qui devaient s'élever en tête de l'église y manquent totalement [1].

GRANDE BOUCHERIE D'ANVERS.

La *grande boucherie d'Anvers*, commencée en 1500 et achevée en 1503 [2] est un grand bâtiment carré de 44 mètres de longueur sur 16 mètres 50 centimètres de largeur, percé au rez-de-chaussée d'un rang de fenêtres formées de deux ogives triangulaires inscrites dans une ogive majeure. Les étages supérieurs sont éclairés par des fenêtres carrées, très-nombreuses aux pignons des petits côtés latéraux de l'édifice. Aux quatre angles et au centre de la partie antérieure du bâtiment s'élèvent cinq tourelles octogones couronnées par des flèches en bois. La boucherie d'Anvers est construite en briques alternant avec des chaînons en pierres de taille. Cet appareil, la régularité et le caractère sévère de l'architecture donnent à cet édifice un certain aspect monumental peu commun dans les constructions de cette nature.

ANCIEN PALAIS ÉPISCOPAL A LIÉGE.

L'*ancien palais des évêques de Liége*, que Charles-Quint regardait, dit-on, comme le plus magnifique palais de la chrétienté [3], et dont Marguerite, reine de Navarre, qui visita la ville de Liége en 1577, dit dans ses mémoires que c'était le palais « le plus beau et le plus commode qui se puisse voir, ayant plusieurs belles fontaines et plusieurs jardins et galeries, le tout tant peint, tant doré et accommodé

---

[1] Sanderus donne le dessin de l'église telle qu'elle avait été projetée.

[2] *Antwerpsch Chronykje*, pag. 1.

[3] Si cette opinion était celle de Charles-Quint, ce prince devait être un assez pauvre juge en matière de beaux-arts; car à cette époque, l'Italie seule renfermait déjà des centaines de palais supérieurs sous tous les rapports à l'ancienne résidence des évêques de Liége. Tel était entre autres le superbe palais Doria à Gênes, où Charles-Quint résida pendant le séjour qu'il fit dans cette ville.

avec tant de marbre, qu'il n'y a rien de plus magnifique et de plus
délicat »; cette vaste habitation princière date du commencement du
XVIᵉ siècle. Le premier palais épiscopal avait été bâti par l'évêque
Notger en 973. Un incendie le détruisit avec la cathédrale de Sᵗ-Lam-
bert en 1185; reconstruit immédiatement après, il fut de nouveau
détruit par les flammes en 1505. Trois ans après l'évêque Érard de la
Marck fit jeter les fondements du palais actuel, dont la construction
ne fut achevée qu'au bout de trente-deux ans. Cet édifice, de style
ogival tertiaire, présente un vaste trapèze, divisé intérieurement en
deux grandes cours quadrangulaires, dont la première est entourée
d'une galerie ouverte ou portique à arcades cintrées en anse de panier
reposant sur des colonnes de pierre bleue [1]. Ces colonnes qui par leur
forme singulière et leur ornementation rappelent plutôt l'architecture indoue que le style ogival, figurent de gros balustres bombés par
le bas et couverts d'arabesques, de rinceaux et d'autres ornements de
sculpture qui varient pour chaque colonne [2]. Au-dessus des portiques
une large corniche servait de soubassement à un rang de petites arcades simulées et à plein-cintre, encadrant chacune une fenêtre carrée et dont les archivoltes retombaient sur des pilastres alternant avec
des contreforts. Les quatre faces de chaque cour étaient couronnées à
la hauteur du toit d'une balustrade ornée de quatrefeuilles et interrompue à distances égales par des gables bordés de crochets. A trois
des quatre angles extérieurs de la première cour s'élevaient trois tours
carrées surmontées de flèches pyramidales en bois, dontla base était
entourée de larges feuilles d'acanthe en guise de balustrade, et la
pointe portait un clocheton en forme de guérite. La façade du palais
offrait trois étages ou rangs superposés d'arcades simulées, parfaitement semblables à celles qui régnaient au-dessus des portiques des
cours, et couronnées d'une balustrade à quatrefeuilles encadrées.
L'entrée du palais se trouvait à gauche de la façade, sous un pavillon

---

[1] La seconde cour, peu remarquable aujourd'hui, paraît, d'après les anciennes gravures qui
représentent le palais épiscopal, avoir été dans le principe, semblable à la première.

[2] Le nom du sculpteur est François Borset, né à Liége vers la fin du XVᵉ siècle.

à trois faces et bâti en hors d'œuvre. Il était élevé de trois étages séparés par des frises ornées de rinceaux, et se terminait en plate-forme bordée d'une balustrade conforme à celle de la façade. Les deux étages supérieurs étaient percés chacun de trois fenêtres à cintres surbaissés. Quatre colonnes cylindriques, dont les chapiteaux supportaient un ornement en forme de fleuron, flanquaient les angles du rez-de-chaussée, où la fenêtre centrale était remplacée par une porte à arc également surbaissé et entouré d'une guirlande de feuillages treflés. En 1734, le feu consuma toute cette partie extérieure du palais, à laquelle on substitua, en 1737, une façade de style moderne, construite sur le dessin de l'architecte Annessens de Bruxelles. Ce fut alors que l'on moderna aussi l'étage supérieur de la première cour, et que l'on démolit les tours placées aux angles du palais. Aujourd'hui cet immense édifice renferme la cour de justice, les archives de la province, la prison des femmes et les écuries du train d'artillerie [1].

PALAIS DES DUCS DE BRABANT A BRUXELLES.

Au commencement du XIVe siècle, Jean II, duc de Brabant, bâtit sur l'emplacement de l'hôtel, occupé par le châtelain du vicomte de Bruxelles, un palais qu'il destinait à servir de résidence à lui et à ses successeurs [2]. En 1431, Boucquet de Latre, architecte (*maître de toutes les œuvres*) de Philippe-le-Bon, fut chargé par ce prince de l'agrandissement et de la reconstruction partielle de ce palais, dont le parc reçut en même temps des accroissements considérables, et s'étendit d'un côté depuis la porte de Namur jusqu'à celle de Louvain, et de l'autre côté jusqu'aux environs de l'église de Ste-Gudule [3]. Ces travaux furent terminés aux dépens de la ville vers l'année 1458. Cependant,

---

[1] Grande et belle gravure par F. de Wit d'Amsterdam, représentant le palais tel qu'il était avant l'incendie de 1784. Deux autres gravures dans les *Délices du pays de Liége* et une quatrième au tom. IV des *Délices des Pays-Bas*. La planche 91 de l'*Histoire de l'architecture*, par Hope, figure l'élévation du portique de la première cour.

[2] L'abbé Mann, *Histoire de Bruxelles*, tom. I, pag. 43.

[3] *Archives de l'ancienne chambre des comptes et registres des chartes de Brabant*, tom. II, fol. 41, conservés au dépôt général des archives du royaume.

malgré ces embellissements, l'ancienne cour de Bruxelles ne paraît avoir offert qu'une masse de bâtiments irréguliers, si l'on en excepte peut-être quelques salles de l'intérieur, peu remarquables d'ailleurs sous le rapport monumental, avant les grands travaux ordonnés par l'Empereur Maximilien, par Charles-Quint et par Marie de Hongrie, gouvernante des Pays-Bas.

En 1509, l'empereur Maximilien et Marguerite d'Autriche, gouvernante des Pays-Bas, firent entourer la place située devant le palais, d'une vaste enceinte carrée à angles coupés, formée d'une balustrade en pierre travaillée à jour et interrompue de distance en distance par des piédestaux à hauteur de la balustrade et par trente colonnes octogones. Les piédestaux devaient porter des figures de quadrupèdes et d'oiseaux en bronze, et chaque colonne la statue d'un duc de Brabant, également en bronze et de grandeur naturelle. Les plans de cette place, qui reçut le nom de *Cour des bailles*, furent donnés par deux architectes malinois qui jouissaient alors d'une grande réputation en Belgique, Antoine Kelderman le vieux, et Antoine Kelderman, son fils. Un peintre nommé Jean Van Roome *alias* de Bruxelles, fournit les patrons des statues et figures d'animaux dont le sculpteur bruxellois, Jean Borreman, exécuta le modèle en bois [1]. Renier Van Thienen, fondeur dans la même ville, fut chargé de les couler en bronze, mais il n'acheva que quelques figures d'animaux qui ne furent point placées et quatre statues représentant Godefroid-le-Barbu, Godefroid II, Maximilien et Charles-Quint [2].

[1] Registre de l'ancienne chambre des comptes de Brabant, intitulé : *Rekeninge van den steynen baillen die men begonst te setten voer 't hof myns genedig heeren in dese stadt van Brussel, in 't jaer XV^c IX ende was volmaict a° XV^c XXJ.*

[2] Par le contrat fait entre le fondeur et la chambre des comptes, il fut statué que le bronze qu'emploierait le premier, serait de la même qualité que celui dont était orné le tombeau du seigneur de Ravesteyn dans l'église des Dominicains, et que chaque statue pourrait peser jusqu'à huit cents livres, qu'on payerait au prix de dix-neuf florins de Rhin le quintal.

Je lis dans une chronique manuscrite de la ville de Bruxelles : *De baillie van buyten het hof heeft doen maeken Maximiliaen, in het jaer* 1516, *van blauwen steen met verscheyde piedestaelen om daer op te stellen de hertogen van Brabant in metaele figueren in Spaengien gegoten, waer van maer vier en syn gestelt, te weten Godefridus Barbatus, met synen sone Godefridus Secundus ende*

La construction de la cour des bailles, ne fut terminée qu'en 1521 [1].

La *chapelle du palais*, commencée en 1525, par ordre de Charles-Quint, en exécution du testament de Philippe-le-Bel, son père [2], et consacrée en 1553, passait pour un des plus beaux monuments gothiques de l'Europe. Élevée sur les plans de Rombaut Van Mansdale *alias* Kelderman, architecte malinois et *maître général des œuvres* de l'empereur [3], cette chapelle présentait un vaisseau d'une belle étendue, large et d'une élévation considérable; il était éclairé de chaque côté par deux rangs de fenêtres ogivales et partagé en trois nefs par des colonnes à nervures prismatiques réunies en faisceau et d'une extrême ténuité. A l'extérieur les bas-côtés et la nef étaient soutenus par des contreforts et couronnés de balustrades.

En l'année 1533, Marie de Hongrie, fit bâtir au devant de la chapelle une *vaste salle ou galerie* également remarquable par la hardiesse et la beauté de ses dispositions intérieures [4]. Ce bâtiment achevé en 1537, formait un carré long, percé sur trois de ses faces de grandes fenêtres à ogives surbaissées et dont les angles des côtés latéraux, qui se terminaient en pignons crénelés, étaient dissimulés par quatre tourelles octogones à flèches pyramidales. Deux tourelles semblables s'élevaient au centre des côtés longs de l'édifice. L'entrée de la galerie, qui se trouvait dans la cour du palais, était décorée d'un fort joli porche composé de trois arcades à cintres surbaissés, couronnées de pinacles

---

op de andere syde Maximilianus met synen neve Carolus Quintus. De reste in Spaengien costelyk gegoten syn door ongeluk herwaerts comende op de zee verdroncken. Ce dernier fait ne mérite aucune croyance.

[1] Les frais de bâtisse de la cour des bailles montèrent à 9,675 livres 13 s. 8 den., dont 600 livres, de 40 gros la livre, furent fournies par la ville.

[2] Registre de l'ancienne Chambre des comptes de Brabant, intitulé : *Quinze comptes et déclarations de la recepte et mise de la dépense faictes pour l'ouvrage de la nouvelle chapelle de l'Empereur nostre sire*, etc.

[3] Même registre. Le traitement annuel de cet architecte n'était que de 60 livres, et la paye journalière des ouvriers maçons de 3, 4 et 5 sols.

[4] Registre de l'ancienne chambre des comptes de Brabant, intitulé : *Compte de messire Wolf Haller de Hallerstein, chevalier et trésorier des finances de la reyne douaigière de Hongrie, de la grande nouvelle galerie construite et fecte en la court de l'Empereur à Bruxelles, depuis l'an XV°XXXIII jusques en octobre de XXXVII qu'elle fut achevée.*

et dont les voussures étaient garnies de festons. L'arcade centrale était plus élevée que les deux arcades latérales, qui n'offraient qu'une section de demi-cercle. À l'intérieur les voûtes de la salle étaient portées par dix-huit colonnes.

Le palais des ducs de Brabant, devenu au XVI⁰ siècle la demeure des gouverneurs généraux des Pays-Bas, fut presqu'entièrement rebâti par les archiducs Albert et Isabelle, au commencement du siècle suivant. Un incendie le détruisit de fond en comble en 1731, à l'exception de la chapelle, qui continua à subsister jusqu'en 1774, époque de la construction de la place royale, qui occupe l'emplacement de la cour des bailles, également détruite à cette dernière époque [1]. Les quatres statues en bronze placées au-dessus de quatre des colonnes de cette cour servirent alors d'ornement aux abords du parc, où elles restèrent jusqu'en 1793, qu'elles furent brisées et converties en monnaie. Aujourd'hui il n'existe plus le moindre vestige de cette ancienne et célèbre résidence des souverains du Brabant.

MAISON DU ROI A BRUXELLES.

L'antique édifice public connu sous le nom de *Maison du Roi ou halle au pain* (*broodhuys*), situé sur la Grand'Place de Bruxelles [2], menaçant ruine au commencement du XVI⁰ siècle, fut réédifié en 1514 [3]. Les travaux de reconstruction ordonnés par Charles-Quint, alors in-

---

[1] L'abbé Mann, *Hist. de Bruxel.*, tom. I, pag. 253. On trouve deux vues du palais dans le *Bruxella Septenaria*, et plusieurs autres au tome I des *Trophées de Brabant*, dans le *Théâtre profane du Brabant*, les *Délices des Pays-Bas*, etc.

[2] Nous ne savons sur quelles preuves l'abbé Mann et autres historiens ou topographes de Bruxelles ont pu avancer que ce bâtiment servit anciennement de maison communale à la ville.

[3] Par lettres-patentes données en 1514, Charles-Quint réduisit la quote-part de la ville de Bruxelles dans l'aide annuelle de 150,000 livres, de 40 gros la livre, que les États de Brabant lui avaient accordée pour le terme de trois ans, à l'occasion de sa joyeuse entrée, à la somme de 10,000 florins, que la ville payerait chacune de ces trois années, et dont 2,000 livres seraient prélevées annuellement pour la reconstruction de la maison du roi (*om die te employeren ende besteden in de temmeringe ende opmaken van onsen broothuyse staende op die marct der selver stad dat in den grond vervallen is*, etc.). Registre de l'ancienne chambre des comptes de Brabant, intitulé : *Rekenningen van den werken ende reparatien van den nyeuwen edificien van dit hertoenhuys op de marct te Brussel begonst te erigeren ende op te maeken anno XVᶜXIIIJ.*

fant d'Espagne, s'exécutèrent sous la direction de cinq architectes, Antoine, Rombaut et Mathieu Kelderman, Dominique de Wagemaker et Henri Van Peede, architecte de la ville de Bruxelles[1]. Ils furent terminés en 1525 et coûtèrent la somme de 11,980 livres 9 s., 4 d.

La Maison du Roi, un de nos plus gracieux monuments de style ogival tertaire, et un des meilleurs types de ce style, forme un trapèze isolé de trois côtés. La façade, longue de 30 mètres, est percée de trois étages de fenêtres, dont les deux premiers rangs ont des cintres surbaissés et légèrement ogivaux. Les fenêtres du troisième étage sont à trois lobes cintrés. Un perron, autrefois à doubles rampes, conduit à la porte placée au centre de cette façade et qui se composait jadis de deux arcades trilobées, séparées par un pied-droit chargé de nervures et inscrites dans un grand arc surbaissé dont le tympan était orné d'arcades simulées. La même ornementation s'observe encore aux deux fenêtres bordées d'un balcon qui s'élèvent au-dessus de la porte. Le haut du frontispice était décoré de la statue de la vierge, couverte d'un dais gothique et flanquée de deux figures d'anges et de deux statues de saints, posées dans des niches. L'ordonnance générale de la façade se répétait aux côtés latéraux de l'édifice, dont celui à droite se terminait par un pignon très-élevé décoré dans le style de la renaissance et couronné de huit statues. Les façades latérales et le toit de la Maison du Roi, détruits dans le bombardement de 1695, ont été refaits peu de temps après, de même que la porte, dans un style plus moderne et plus simple. Les autres parties extérieures du bâtiment ont conservé en grande partie leur forme ancienne, sauf la destruction des sculptures du frontispice et les changements récents faits aux fenêtres[2].

ÉGLISE PAROISSIALE DE Ste-ÉLISABETH A MONS.

En 1516, on commença à Mons la construction de l'*église paroissiale de Ste-Élisabeth*, à laquelle celle de Ste-Waudru servit, dit-on,

---

[1] Ce fut Antoine Kelderman qui donna les plans du bâtiment. Même registre, fol. 15 v°.

[2] Le *Bruxella Septenaria* de Puteanus contient une jolie gravure qui représente d'une manière fort exacte la Maison du Roi telle qu'elle était en 1646.

de modèle. Cette église, qui ne fut consacrée qu'en 1588 [1], était assez vaste, divisée en trois nefs par des colonnes à nervures réunies en faisceaux et couverte d'un simple plafond en bois. L'église de Ste-Élisabeth étant devenue la proie des flammes en 1714, a été reconstruite postérieurement en style moderne, à l'exception de quelques parties des murs extérieurs qui sont aujourd'hui les seuls restes de la première église.

HÔTEL DE VILLE DE GAND.

Bien que les fondements du magnifique *hôtel de ville de Gand* aient été jetés dès la fin du XVe siècle, nous classons cet édifice parmi les monuments du siècle suivant, parce que sa façade, qui en est la partie principale, ne date que de cette époque.

L'hôtel de ville de Gand occupe l'emplacement du premier hôtel municipal de cette ville, construit au XIIIe siècle, sous le célèbre collége échevinal des trente-neuf et sur lequel nous possédons peu de renseignements historiques. Nous savons seulement qu'il avait une façade en partie grillée et qu'il renfermait plusieurs tableaux à l'huile représentant les comtes de Flandre, peints en 1419 par Guillaume Van Axpoele et par Jean Mertens, peintres gantois [2]. La première pierre de l'hôtel de ville actuel fut posée le 4 juillet 1481, par le premier échevin Adrien Vilain, chevalier et seigneur de Rassegem. Les troubles civiles qui agitèrent la ville de Gand en 1488 et en 1540, la révolution du XVIe siècle et d'autres obstacles furent cause que les travaux souvent interrompus durèrent près d'un siècle entier, et qu'on les suspendit entièrement en 1580, lorsque le monument n'était encore élevé qu'aux deux tiers. La première salle des échevins de la keure fut achevée dès l'année 1483. En 1516, l'architecte Jean Taesens, ou Stassius, bâtit la salle du tribunal nommé *vierschare* et la partie de la façade donnant sur le marché au beurre. Mais à la mort de cet archi-

---

[1] De Boussu, *Hist. de la ville de Mons*, pag. 167.

[2] Diericx, *Mém. sur la ville de Gand*, tom. 1, ch. 3. Voisin, l'Hôtel de ville de Gand, *Messager des sciences et des arts de la Belgique*, 2e série, tom. IV, pag. 133.

tecte, arrivée en 1527, son successeur Eustache Polleyt (auquel le magistrat adjoignit comme conseil deux architectes étrangers, l'un malinois, probablement Rombaut Van Mansdaele, et l'autre d'Anvers) abattit la plus grande partie des constructions exécutées par Stassius et recommença le monument tel qu'il se voit aujourd'hui [1]. La chapelle échevinale dont le rond point, éclairé par trois fenêtres, forme un hémicycle qui devait marquer le centre de la façade, fut terminée en 1533. Cette chapelle, démolie intérieurement en 1802 et où se trouve aujourd'hui le grand escalier de l'hôtel de ville, était ornée de colonnes d'airain, soutenant des poutres en fer, et de magnifiques vitraux peints. La nouvelle salle à manger de la maison échevinale de la keure avait été construite en 1563, et était d'une telle étendue que 300 personnes pouvaient y prendre place à table [2]. Suivant les plans donnés par Polleyt, l'hôtel de ville devait avoir deux étages au-dessus d'un rez-de-chaussée, et un toit décoré de lucarnes et de fenêtres surmontées de gables découpés à jour et flanqués de nombreux pinacles. En 1580, l'édifice n'était encore élevé que jusqu'à l'entablement qui couronne le premier étage, et il restait à construire toute la partie droite de la façade, dans une longueur de six fenêtres de chaque étage, et le côté latéral donnant sur le marché au beurre; on suspendit alors les travaux, comme nous venons de le dire, et on couvrit le bâtiment d'une toiture percée de plusieurs rangs de lucarnes fort simples et sans ornements.

« Quelqu'imparfait que soit ce monument, dit M. Voisin, il est encore l'un des plus remarquables en ce genre que compte la Belgique, et nous croyons pouvoir assurer qu'il égale tous les autres par la gracieuse richesse de ses ornements, que le génie de l'artiste a variés sous mille formes et travaillés avec une extrême délicatesse. Il appartient au gothique tertiaire, et on y remarque déjà la transition aux

[1] Van Vaernewyck, *Historie van Belgis*, liv. 4, chap. 51. Diericx, *Mém. sur la ville de Gand*, tom. I. Voisin, l'hôtel de ville de Gand, *Messager des sciences et des arts*, 2ᵉ série, tom. IV, pag. 133.
[2] Van Vaernewyck, *ibid.*

arcs surbaissés et aux pleins-cintres qui se rapprochent de l'antique.

» La façade qui donne sur la rue Haute-Porte, compte quatorze
fenêtres, y compris, au rez-de-chaussée, l'ancienne porte d'entrée
qui occupe l'espace de deux fenêtres, la saillie de la chapelle qui en
occupe trois dans toute la hauteur de l'édifice, et la tribune gothique
où se tenait la verge de justice, et du haut de laquelle on procla-
mait les lois. Les fenêtres du rez-de-chaussée sont à lancettes, en arc
surbaissé, et terminées par un ornement en forme de cœur renversé;
entre chaque trumeau sont deux niches qu'on avait destinées à recevoir les statues des comtes de Flandre, et surmontées d'élégantes
tourelles. Les fenêtres du premier étage sont à lancettes trilobées à
plein-cintre et entourées de boudins; l'espace qui les sépare du rez-
de-chaussée est occupé par des ornements en nervure avec des feuilles
de chou; une galerie feinte couronne tout l'ouvrage. La partie gothique de l'édifice, qui donne sur le marché au beurre, est dans le
même style; la tourelle qui forme l'angle et qui n'est point terminée,
est ornée de deux galeries en pierre de taille travaillées à jour. Il est
infiniment à regretter que le nouvel escalier rond, en pierres bleues,
placé de côté en 1815, soit d'un style qui n'est nullement en harmonie avec le reste du monument [1]. »

L'ancien escalier, démoli le 19 juillet 1814, avait une fort belle
rampe découpée en ornements flamboyants, et surmontée de six vases
en pierre.

Sous le gouvernement d'Albert et d'Isabelle, on forma le projet
d'achever l'hôtel de ville de Gand; mais comme à cette époque l'architecture ogivale était passée de mode, on adopta pour la continua-
tion des façades, un plan tout-à-fait moderne. Ces nouveaux bâtiments, élevés entre les années 1600 et 1618, se composent de trois
étages de fenêtres ornées de colonnes accouplées des ordres dorique,
ionique et corinthien. Ils sont d'un style assez pur, quoiqu'un peu
lourd, mais ils forment un contraste choquant avec la partie ancienne

[1] Voisin, l'hôtel de ville de Gand, *Messager des sciences et des arts de la Belgique*, 2e série,
tom. IV.

de la façade, que du reste ils sont loin d'égaler en beauté et en élégance [1].

SALLE DES ARBALÉTRIERS A MALINES.

En 1519, le *serment des arbalétriers de S'-George à Malines*, fit construire dans son jardin, situé près de l'église de Notre-Dame, une magnifique galerie, longue de 381 pieds de Malines, et portée sur 68 colonnes en pierres bleues. Au centre de cette galerie s'élevait un beau pavillon carré, éclairé des quatre côtés par de grandes fenêtres. La charpente du toit qui couvrait ce pavillon et la galerie, étaient admirées pour la beauté du travail [2].

CHARTREUSE DE LOUVAIN.

Le *couvent des chartreux à Louvain*, fondé dans la seconde moitié du XVe siècle, était remarquable par un vaste et magnifique cloître carré construit au commencement XVIe siècle, sur les plans de Pierre Colkies, architecte anversois. Juste Lipse doute qu'il existât dans aucun monastère du pays un cloître comparable à celui-là [3].

Les nombreuses fenêtres qui éclairaient cette galerie couverte étaient ornées de superbes vitraux peints, représentant des scènes de la bible. Peu d'années avant la suppression du monastère, qui eut lieu en 1784, les religieux, dont le nombre était considérablement réduit, firent démolir deux des quatre côtés du cloître. En 1787, on vendit les vitraux de la partie subsistante, qui fut, quelques années après,

---

[1] La *Collection des vues pittoresques de la ville de Gand* (lith. de Dewasme) et le *Messager des sciences et des arts*, tom. IV, 2e série, contiennent un joli dessin lithographié par M. Demander, représentant l'hôtel de ville de Gand, tel qu'il fut projeté par l'architecte Polleyt, au XVIe siècle. Il existe de la façade gothique dans son état actuel une belle et grande gravure par R. Blokhuys. La *Flandria illustrata* offre aussi une vue de ce monument. La planche 78 de l'*Histoire de l'Architecture* par Hope, donne l'élévation de la façade.

[2] Valerius et Azevedo, *Chronyke van Mechelen*, a° 1519. *Provincie, stad en district van Mechelen opgehelderd in haere kerken, kloosters*, etc., tom. I.

[3] *Est in hoc cœnobio spectabilis porticus magnitudine et opere, nescio an hic autem finitimis locis alia comparanda* (Justi Lipsii *Lovanium*, lib. 2, cap. 17.

presqu'entièrement renversée par l'explosion de plusieurs caissons de poudre que les Français y avaient déposés. L'église, construite de 1501 à 1530, fut démolie en 1806. Les autres bâtiments de ce monastère qui subsistent encore n'offrent rien d'intéressant sous le rapport architectural.

ÉGLISE DE Sᵗ-GÉRY A BRUXELLES.

Nous nous contenterons d'accorder une simple mention à la grosse *tour* carrée et construite en pierre de taille *de l'ancienne église paroissiale de Sᵗ-Géry à Bruxelles.* Cette tour, commencée en 1518 ou 1520, fut achevée en 1536 [1]. L'église dont elle dépendait, et qui avait été également rebâtie en majeure partie au XVIᵉ siècle, était un grand vaisseau à trois nefs avec un beau chœur élevé et bien éclairé. La place de Sᵗ-Géry, décorée d'une fontaine pyramidale provenant de l'abbaye de Grimbergen, occupe aujourd'hui le terrain de cette église et de la tour démolies en 1799.

ÉGLISE ABBATIALE DE Sᵗ-JACQUES A LIÉGE.

Le 26 avril 1016, Baldéric II, évêque de Liége, posa la première pierre de l'*église abbatiale de Sᵗ-Jacques à Liége.* La crypte fut bénite dès le 6 septembre de la même année; mais la dédicace de l'église n'eut lieu que sous l'évêque Reginard, le 23 août 1030. Cette église subsista jusqu'à l'année 1522. Elle fut alors démolie, à l'exception de la tour et du portail, et on jeta les fondements d'une nouvelle église achevée seize ans après.

L'église actuelle de Sᵗ-Jacques est non-seulement le plus beau de tous les édifices religieux de la ville de Liége, mais elle peut encore passer pour un des monuments les plus élégants de style ogival tertiaire qui existent dans toute l'Europe. L'intérieur de l'église, d'un aspect admirable, présente un vaisseau magnifique, vaste, élevé,

---

[1] L'abbé Mann, *Histoire de Brux.*, tom. 1, pag. 104.

composé d'un chœur sans collatéraux et de trois larges nefs soutenues par deux rangs de colonnes formées de nervures réunies en faisceau et portant des arcades ogivales à voussures garnies de festons treflés. Le triforium ou galerie qui couronne les arcades de la nef centrale est composé de long meneaux à ogives trilobées surmontées d'une balustrade à quatrefeuilles et à trèfles encadrées. Le mur qui sépare les arcades de cette galerie est couvert d'arabesques et orné de médaillons qui encadrent des têtes d'homme colorées [1]. Les voûtes de l'église, divisées en compartiments prismatiques, sont également peintes en arabesques. Des arcades festonnées, simulées et géminées, règnent le long des collatéraux de la nef, qui ne sont point bordés de chapelles. Toutes les fenêtres des nefs, mais particulièrement les deux vastes fenêtres des transepts, sont ornées de découpures flamboyantes d'un dessin aussi riche qui varié. Le chœur est surtout remarquable par la beauté et la richesse de son ornementation; il est éclairé par de longues lancettes à vitraux magnifiquement peints, entre lesquelles sont placées des statues dans des niches couvertes de dais. On y admire pour sa légèreté et la hardiesse de sa construction un double escalier en hélice conduisant à une tribune. A l'extérieur, l'église de St-Jacques se fait admirer par son élévation et par la régularité et la noble simplicité de son architecture. La balustrade qui couronne les grands murs de la nef est pareille au triforium à l'intérieur de l'église. L'ancien portail et la tour octogone, seuls restes de l'église construite au XIe siècle, offrent encore un des modèles les plus parfaits de l'architecture romane pure que possède la Belgique, bien que l'on ait muraillé toutes les ouvertures du portail à l'époque de la reconstruction de l'église. L'entrée actuelle de l'église de St-Jacques se trouve à gauche de la nef; elle est décorée d'un très-beau portail en style de la renaissance, à trois ordres de colonnes, entre lesquelles sont des niches occupées par des statues de saints [2].

---

[1] Hope, *Histoire de l'Architecture*, tom. II, planche 90.
[2] Vue de l'église de St-Jacques, au tom. 1 des *Délices du pays de Liége*.

HÔTEL DE VILLE D'AUDENAERDE.

En 1525, le magistrat d'Audenaerde décréta la construction d'un nouvel hôtel de ville, sur l'emplacement de l'ancienne maison échevinale qui menaçait ruine et répondait peu à l'importance que cette ville avait acquise à cette époque. Voulant que le nouvel édifice surpassât en luxe et en richesse tous ceux de ce genre qui existaient dans les villes flamandes du second ordre, et qu'il rivalisât même avec les plus beaux hôtels de ville des chefs-lieux de province, il chargea un artiste de réputation, Jean Stassius, architecte de l'hôtel de ville de Gand, d'en dresser les plans et d'en faire le modèle. Le projet de cet architecte ne paraît pas avoir été goûté, car peu de temps après le magistrat s'adressa à Henri Van Pé ou Van Peede, architecte de la ville de Bruxelles, pour la confection d'un autre plan qui, cette fois, fut adopté et exécuté, sauf quelques légers changements qu'on y fit dans la suite. Vers la mi-avril de cette même année, Philippe de Lalaing, gouverneur d'Audenaerde, posa la première pierre du nouvel hôtel de ville, dont les travaux furent poussés avec tant d'activité et d'ardeur, que l'édifice se trouva entièrement achevé en 1529 ou 1530, à l'exception de quelques parties des décorations intérieures.

L'hôtel de ville d'Audenaerde a la forme d'un parallélogramme isolé de trois côtés. La face antérieure est longue de 25 mètres, le côté latéral gauche de 21 mètres, et le côté latéral opposé de 12 mètres; cette dernière façade est continuée par une aile de l'ancien hôtel des échevins qui complète le carré. La façade principale ou le côté long domine majestueusement la vaste place publique et présente les dispositions suivantes. Au-dessus d'un rez-de-chaussée bordé d'un portique de neuf arcades en ogive évasée retombant sur des colonnes cylindriques et portant une plate-forme, s'élèvent deux étages de fenêtres, au nombre de douze, séparées par des niches couvertes de dais. L'archivolte des arcades de la galerie et celle des fenêtres du premier étage sont garnies d'une guirlande de feuillages frisés qui se terminent par un panache à la pointe des ogives. Le second rang de fenêtres est surmonté d'une balustrade découpée en ornements flamboyants et interrompue par quatre piédestaux sur lesquels étaient placées jadis les statues en pierre de Charles-Quint, comme empereur et comme roi de Castille, de François Ier, roi de France, et de Henri VIII, roi d'Angleterre. Cette balustrade règne le long d'un toit fort exhaussé, percé de lucarnes et de deux grandes fenêtres flanquées chacune de quatre pinacles qui servaient de supports à autant de génies en bronze doré de trois pieds et demi de hauteur. L'arête du toit est, comme de coutume, ornée d'une guirlande treflée. Du centre de la façade surgit en avant-corps une belle tour ou beffroi d'environ 40 mètres de hauteur, de forme carrée jusqu'aux deux tiers de cette élévation, et octogone aux deux étages supérieurs, dont le bas est entouré de deux balustrades. Elle finit en coupole construite en simulacre de couronne fermée, et qui porte au lieu d'une croix la statue en cuivre rouge doré d'un guerrier tenant en main une bannière aux armes de la ville. Cette statue et celle de la Vierge (en pierre) posées entre les deux larges fenêtres à arcs surbaissés qui se trouvent à la partie inférieure du beffroi, sont les seules qui servent aujourd'hui d'ornement à l'extérieur de l'hôtel de ville d'Audenaerde; les autres statues, qui étaient en grand nombre, ont toutes disparu. Les façades latérales offrent au-dessus de leur rez-de-chaussée la même ordonnance que le côté antérieur que nous venons de décrire; elles se terminent par de grands pignons triangulaires flanqués de pinacles et de clochetons à aiguilles bordées de crochets.

A la première vue de l'hôtel de ville d'Audenaerde, on s'aperçoit que l'architecte Van Peede a cherché à reproduire dans ce monument les plus belles parties des hôtels de ville de Louvain et de Bruxelles, mais en y adaptant les modifications que le goût du temps avait fait subir à l'architecture. Ainsi la forme et la décoration générale de l'hôtel de ville de Louvain se retrouvent dans les façades de l'hôtel de ville d'Audenaerde; la galerie du rez-de-chaussée est semblable à celle qui borde le rez-de-chaussée de l'hôtel de ville de Bruxelles, et le beffroi d'Audenaerde est une imitation imparfaite, et telle qu'on

savait le faire au XVIme siècle, de la superbe tour de ce dernier monument [1]. Aussi à quelques parties près de la tour, des fenêtres au
rez-de-chaussée de la façade latérale gauche, des balustrades et des
ornements du toit, l'hôtel de ville d'Audenaerde appartient tout entier, comme celui de Louvain, au style ogival secondaire.

L'intérieur du bâtiment est d'une grande simplicité, qui contraste
avec l'élégance et le luxe d'architecture des façades. On y admire cependant le portail de la salle des échevins, chef-d'œuvre de sculpture
en style de la renaissance, dû au ciseau de Paul Van Schelden, qui
l'exécuta dans l'espace de trois années (de 1531 à 1534) [2]; on voit aussi
dans cette salle une cheminée gothique, ouvrage du même artiste, et
qui est surmontée de trois niches contenant les statues de la Vierge, de
la Justice et de l'Espérance. Une cheminée semblable, mais aujour-
d'hui sans statues, décore la salle dite du peuple, qui est vaste mais
nue. Toutes les poutres des salles au premier et au second étage sont ornées de consoles en bois où sont sculptées les armes, avec cimier et
supports, des principaux états de Charles-Quint [3].

HÔTEL DE VILLE DE COURTRAI.

L'*hôtel de ville de Courtrai,* rebâti en 1526, est un bâtiment assez
étendu, mais isolé seulement de deux côtés. Sa façade, qui donne sur
la place principale de la ville, est précédée d'un grand perron et percée
de deux rangs de fenêtres à cintres surbaissés, entre lesquelles étaient

---

[1] Déjà en 1505 le magistrat d'Audenaerde avait conçu le projet de faire construire un nouveau beffroi, il chargea à cet effet maître Jean Vander Eecken, architecte de Bruxelles, de
dresser deux modèles du beffroi de l'hôtel de ville de cette capitale.

[2] *Voir* la description de ce beau portail dans la savante notice de M. D.-J. Van der Meersch,
sur l'hôtel de ville d'Audenaerde, *Messager des sciences et des arts*, tom. VI, 1re série, pag. 95.
Cet excellent article contient une foule de détails curieux sur la construction de cet édifice.

[3] Les gravures et lithographies qui représentent l'hôtel de ville d'Audenaerde sont nombreuses :
Sanderus, *Flandria illust*. tom. III. *Délices des Pays-Bas*, tom. III. Durand, *Parallèle des
édifices anciens et modernes*, pl. 17. Collection lithogr. de Jobard et de Dewasme. Goetgebuer,
*Choix des monuments remarquables du royaume des Pays-Bas. Vues et monuments de la ville d'Au-
denaerde*, par Simoneau, etc.

placées des niches couvertes de dais. Ces dernières ont été détruites, et la façade restaurée récemment a perdu totalement son caractère primitif. L'intérieur de l'hôtel de ville n'offre de remarquable que deux superbes cheminées décorées de statues et d'une profusion de sculptures en style flamboyant [1].

PALAIS DU GRAND CONSEIL DE MALINES.

Le 23 mars 1530, on jeta à Malines les fondements d'un nouveau *palais destiné au Grand Conseil* établi par Charles-le-Hardi, duc de Bourgogne, et dont Charles-Quint avait fixé la résidence dans cette ville [2]. Cet édifice, qui devait occuper l'emplacement de l'ancienne halle, sur la grand'place de Malines, aurait égalé en étendue et en beauté l'hôtel de ville de Gand, si l'on avait suivi en entier les plans donnés par le célèbre architecte malinois Rombaut Kelderman, plans que l'on conserve encore à Malines, et dont on a pu voir une copie à l'avant-dernière exposition des beaux-arts tenue à Bruxelles; mais les troubles et les guerres qui survinrent ensuite, firent renoncer à ce projet, qui ne reçut qu'un commencement d'exécution. On remarque encore aujourd'hui des débris de ce nouveau palais, enclavés dans les murs extérieurs de plusieurs maisons au côté droit de la rue dite *Beffe-straet*, qui aboutit à la grand'place.

ABBAYE DE TONGERLOO.

L'église et les bâtiments claustraux de l'*abbaye de Tongerloo*, reconstruits par l'abbé Tschrooten, mort en 1529, et achevés sous son successeur Arnould Sheyers, doivent être comptés au nombre de nos édifices remarquables de style ogival tertiaire; mais ces bâtiments, qui ne se distinguaient pas moins par leur étendue que par leur régularité et la beauté de leur architecture, ayant été démolis en ma-

---

[1] L'ancien beffroi de Courtrai existe encore en face de l'hôtel de ville, derrière la grand'garde. C'est une tour très-simple et peu élevée.

[2] Azevedo et Valérius, *Chronyke van Mechelen*, a° 1529.

jeure partie depuis la suppression de l'abbaye, ne nous sont connus que par les gravures qu'en ont données Sanderus, Le Roy (*Brab. sacra; Théâtre sacré du Brabant*), et les *Délices des Pays-Bas*.

Les superbes stalles gothiques de l'église de Ste-Gertrude à Louvain datent aussi de cette époque, de même que l'admirable jubé de style flamboyant qui décore l'entrée du chœur de l'église de Dixmude [1] :

Le *Messager des sciences historiques de la Belgique* publiera sous peu un dessin de ce jubé, sans contredit le plus beau monument de ce genre qui existe dans le royaume.

BOURSE D'ANVERS.

La *bourse d'Anvers*, qui passe pour être le premier édifice public de cette espèce qui ait été élevé en Europe, et la Maison des Bateliers à Gand, furent construites toutes deux en l'année 1531. La bourse d'Anvers, dont la première pierre fut posée le 11 juillet 1531 [2], consiste en une cour quadrangulaire de 54 mètres 40 centimes de longueur sur 43 mètres de largeur, au pourtour de laquelle règne un portique large de 6 mètres à voûtes surbaissées et croisées, soutenues par 38 colonnes cylindriques en pierre bleue élevées sur des bases octogones. Ces colonnes, dont les fûts sont, comme ceux des colonnes de l'ancien palais épiscopal de Liége, sculptés en arabesques et autres ornements qui varient pour chacune, portent des arceaux cintrés et trilobés, décorés de guirlandes de feuillages grimpant le long des archivoltes. La galerie est surmontée d'un étage très-simple, percé dans le principe de rares ouvertures, mais qui a été exhaussé dans la suite et muni de fenêtres carrées espacées régulièrement. L'extérieur de la bourse est caché de tous côtés par des propriétés privées, excepté aux

---

[1] Cette église, de style ogival secondaire, est grande, a trois nefs formées par des colonnes cylindriques, mais elle n'offre de remarquable, sous le rapport architectural, qu'une belle rose au transept méridional.

[2] *Antwerpsch chronykje*, pag. 33. Guicciardin, *Description des Pays-Bas*, à l'article *Anvers*.

deux entrées placées en face l'une de l'autre et formées chacune de deux arcades [1].

MAISON DES BATELIERS A GAND.

La *maison de l'ancienne corporation des bateliers à Gand*, peut être citée comme modèle d'une belle habitation privée, construite en style ogival tertiaire. Cet édifice, dont la planche 78, tome II de l'*Histoire de l'architecture* par Hope, offre un dessin assez exact [2], est élevé de trois étages, et se termine en pignon. Le premier étage a des fenêtres cintrées; celles du second étage sont carrées et celles du troisième étage, également carrées, sous un arc surbaissé; les murs de séparation entre les deux étages supérieurs sont ornés de bas-reliefs représentant des emblèmes relatifs à la navigation [3].

CHAPELLE DU Sᵗ-SANG A BRUGES.

La charmante façade ou porche de la *chapelle du Sᵗ-Sang à Bruges*, a été construite en 1533, comme l'apprend le millésime qui s'y trouve taillé en relief sur une pierre. Elle se compose de trois rangs d'arcades superposés. Les arcades du rez-de-chaussée et du premier étage, auquel on parvient par un large escalier, sont à arcs surbaissés et très-évasés, retombant sur des colonnes cylindriques d'un très-faible diamètre. A l'extrados des archivoltes, les murs sont décorés d'arabesques et de médaillons. Le dernier rang d'arcades est surmonté d'une terrasse bordée d'une balustrade ornée de quatrefeuilles encadrées à pétales arrondies et angulaires, et dont la rampe est cou-

---

[1] Vue de la bourse d'Anvers, dans la *Description des Pays-Bas*, par Guicciardin, traduction hollandaise de Montanus (Amst. 1612); Scribanus, *Orig. Antverp; Voyage pittor. dans le royaume des Pays-Bas*; Hope, *Histoire de l'architecture*, tome 2, pl. 82.

[2] Voir aussi la *Collection des vues de Gand*, par M. Voisin, et le *Guide de Gand* par Dujardin.

[3] Une fort jolie maison de style ogival tertiaire se trouve à Tournai, à l'angle de la rue Garnier, près de la salle des concerts; une seconde à Malines, sur les bords de la Dyle et plusieurs autres à Bruges, la ville de la Belgique la plus riche en maisons gothiques. Voir Hope, *Histoire de l'architecture*, tome II, pl. 88.

ronnée de figures de lions en pierre. Ce beau monument, qui tombait en ruines, a été complétement restauré en 1833 [1].

La chapelle du St-Sang fut fondée au XIIe siècle par Thierri d'Alsace, comte de Flandre, et par la comtesse Sybille son épouse; il ne subsiste plus de cet oratoire qu'un fragment de fenétre ogivale et une jolie tourelle ronde entourée d'une galerie formée de colonnettes réunies par des arceaux en plein-cintre. La chapelle actuelle, qui n'offre rien de remarquable, paraît dater de la dernière moitié du XVe siècle.

HÔTEL DU FRANC A BRUGES.

L'ancien *hôtel du Franc de Bruges*, qui faisait partie primitivement du palais des comtes de Flandre, doit avoir été réédifié vers la même époque que le portail de la chapelle du St-Sang, à en juger au moins par le style de son architecture, car nous ne connaissons aucun document qui indique la date de sa reconstruction [2]. La façade offrait au rez-de-chaussée un portique de sept arcades à cintres surbaissés, couronnées chacune d'un fronton surrelevé ou en accolade bordé de guirlandes de feuillages terminées par un fleuron. Les archivoltes des arcades retombaient sur des colonnes cylindriques perchées sur des piédestaux très-exhaussés. Ce portique était surmonté d'un étage de six fenétres carrées, contre les trumeaux desquelles étaient posées autant de statues dans des niches ornées de dais. Cet étage était couvert d'une terrasse dont la corniche portait sept statues d'anges. En arrière de cette plate-forme, surgissait un second étage, percé de cinq grandes fenétres carrées, sans nulle ornementation. A droite du bâtiment, s'élevait une tour octogone couronnée d'une flèche en bois, dont la pointe était elle-même surmontée d'une tourelle en forme de gué-

---

[1] MM. Rudd, dans ses *Monum. de Bruges*, et Hope, *Histoire de l'architecture*, tome II, pl. 89, ont donné l'élévation architectonique de la façade de la chapelle du St-Sang. On en trouve aussi une vue dans la *Flandria illustr.* et dans la *Collection des châteaux et monuments des Pays-Bas*, tome II, pl. 177.

[2] Gramaye se contente de dire qu'il fut restauré et orné (*renovatum et ornatum*) en 1576, *Brugæ*, pag. 96.

rite. Cette façade fut démolie en 1722 [1] et rebâtie en style moderne.

L'intérieur de l'ancien hôtel du Franc, aujourd'hui palais de justice, ne contient de remarquable qu'une superbe cheminée en bois de chêne, en style de la renaissance, sculptée en 1529 [2].

CHATEAU DE BINCHE, DE MARIMONT ET DE BOUSSU.

En 1539, Marie de Hongrie, gouvernante des Pays-Bas, fit élever à Binche et à Marimont deux magnifiques palais, accompagnés de vastes jardins. Ces palais, dont Jacques de Breuck le vieux, sculpteur et architecte montois, donna les plans [3], ne subsistèrent que jusqu'en 1554, lorsqu'ils furent brûlés et détruits de fond en comble par l'armée de Henri II, roi de France [4]. Comme il n'existe pas, à notre connaissance, de dessins qui représentent ces édifices, nous

[1] On trouve une vue de l'ancien hôtel du Franc dans la *Flandria illustrata* et dans Gramaye, *Brugæ*, pag. 140.

[2] Voir l'*Album de Bruges*, par M. Delpierre, l'ouvrage de M. Rudd, sur les monuments de Bruges, et la notice de M. De Hondt.

[3] De Reiffenberg, *Statist. ancienne de la Belg.*, 2e partie, pag. 120.

[4] Guicciardin, *Descript. des Pays-Bas*, édition franç. de 1568, pag. 349. *Commentaire sur le faict des dernières guerres en la Gaule Belgique entre Henri second, très-chrestien roy de France et Charles cinquiesme, empereur*, par François de Rabutin. Paris, 1555, in-4°., liv. 6.

« Ce soir, » dit François de Rabutin, en décrivant les horreurs et les ravages commis par les Français dans le comté de Namur et dans le Hainaut, « ce soir toute nostre armée alla camper à l'entour de Bains (Binche), et là furent allumez des feux encore plus grands que les premiers pour y estre enflammez et embrasez des plus beaux chasteaux et maisons de gentilshommes qu'on pourroit bastir, n'edifier ; entre autres fut mis le feu en la magnifique maison de Marimont, construite curieusement pour le singulier plaisir et délectation de la royne Marie, appropriée de tant de singularités qu'il est possible de penser........ Autant en fit-on d'un très-beau et magnifique chasteau qu'elle y (à Binche) avoit faict nouvel eslever, remply et aorné de toutes choses exquises, comme de plusieurs raretez de marbre, tableaux, peinctures plates et eslevées, statues, colonnes de toutes sortes, desquelles toutefois fut faicte en peu d'heure grand dégât et destruction. »

Les notes de Montanus sur la traduction hollandaise de Guicciardin, par Kilian (Amsterd. 1612, in-fol.), contiennent aussi des détails fort curieux sur le château de Binche (pag. 363).

Les comptes des dépenses faites pour la construction des palais de Marimont et de Binche, remplissent plusieurs registres des archives de l'ancienne Chambre des Comptes de Brabant, conservés au dépôt des archives du royaume.

Le palais de Binche resta en ruines après sa destruction par Henri II ; celui de Marimont, rebâti dans la suite par ordre d'Albert et d'Isabelle, fut brûlé une seconde fois par les Français, en 1794. On n'en trouve plus aujourd'hui que les débris.

ne savons s'ils appartenaient à l'architecture ogivale ou au style de
la renaissance, dans lequel était construit le magnifique jubé (aujour-
d'hui démoli) de l'église de Ste-Waudru à Mons, achevé par le
même artiste.

Jacques de Breuck fut aussi chargé, en 1539, de la reconstruction
du *château de Boussu*. Suivant une tradition locale, Charles-Quint,
ayant logé en 1545 dans ce palais, qui ne le cédait pas, dit-on,
en beauté à ceux de Binche et de Marimont, le seigneur de Boussu y
fit mettre le feu après le départ de l'Empereur, afin qu'il ne fût plus
souillé par la présence d'aucune personne inférieure en rang et en
puissance à ce monarque. Le château actuel ne date que de 1810.

ÉGLISE DES DOMINICAINS A ANVERS.

Cette même année les dominicains d'Anvers jetèrent les fondements
d'une nouvelle église qui ne fut achevée qu'en 1571 [1]. Cette église,
érigée en paroissiale en 1803, est un beau vaisseau, long de 81 mètres 50 centimètres dans œuvre, soutenu par deux rangs de colonnes
cylindriques avec chapiteaux à feuilles de chou frisé, qui la partagent
en trois nefs. Les fenêtres des nefs et du chœur ne présentent que de
simples ogives sans subdivision de meneaux. Au-dessous de celles de
la nef centrale, sont des balcons découpés en figures flamboyantes.

---

[1] Diercxsens, *Antverpia Christo nascens et crescens*, tom. II, 1re partie, pag. 259. De Jonghe,
Belgium dominicanum, pag. 203. D'après la petite chronique flamande d'Anvers (*Antwerpsch
Chronykje*) écrite au XVIe siècle, cette église aurait été commencée dès les premières années du
XVIe siècle et le portail en 1517 (pag. 8).

La première église que possédèrent les dominicains d'Anvers fut bâtie en 1262, achevée en
1271 ou 1276, et consacrée par le célèbre théologien et philosophe Albert-le-Grand, évêque de
Ratisbonne (Diercxsens, tom. I, pag. 197). Comme Albert-le-Grand, le génie le plus universel qu'ait vu naître le moyen âge, était aussi un très-habile architecte, qui donna les plans de
plusieurs belles églises, entre autres de celle des dominicains de Cologne (quelques auteurs lui
attribuent même les plans de la cathédrale de cette ville), il y aurait lieu de croire que ce fut
sur ses dessins que s'éleva également l'église des dominicains d'Anvers. L'auteur de la petite chronique d'Anvers dit, il est vrai, que c'était une église laide et obscure (*een leelycke donckere
kerke*), mais suivant Diericxsens la première église des dominicains, qui fut démolie en 1549,
était au contraire un temple magnifique (*magnificum templum*).

Le chœur est vaste, sans collatéraux et couvert d'une voûte surbaissée à compartiments prismatiques; il est éclairé par de nombreuses fenêtres lancéolées. Il n'y a point de transepts, mais seulement à la place du transept droit une chapelle bâtie en hors d'œuvre, sur une profondeur d'environ 6 mètres. L'extérieur de l'église est d'une construction régulière, mais fort simple, à l'exception du portail qui est assez richement décoré dans le style flamboyant. La tour, d'architecture moderne, ne fut élevée qu'au commencement du XVIIe siècle [1].

ÉGLISE DE St-MARTIN A LIÉGE.

L'église de St-Martin à Liége, bâtie par l'évêque Éracle, en 962 ou 963, et achevée en 971, brûla en 1312. Rétablie après ce sinistre, elle fut réédifiée telle qu'on la voit aujourd'hui en 1542 [2].

Cette vaste et magnifique basilique, la plus belle église de Liége, après celles de St-Paul et de St-Jacques, a 250 pieds de longueur sur 70 de largeur. Ses trois nefs sont soutenues par des colonnes octogones, flanquées aux angles de demi-colonnes cylindriques. Le triforium se compose de deux rangs superposés de trèfles à lobes arrondis. Les transepts, dont les extrémités sont percées chacune d'une magnifique fenêtre de style flamboyant, et les chapelles qui bordent les collatéraux de la nef sont ornés de panneaux trilobés et cintrés. Les nefs ont des voûtes en tiers point; celles du chœur se ramifient en compartiments prismatiques. Ce dernier est privé de bas-côtés, mais son étendue, son élévation et ses belles et longues fenêtres lancéolées, ornées de vitraux peints, produisent un effet ravissant. L'extérieur de l'église offre aussi un très-bel aspect par la régularité et la noble simplicité de son architecture. Le chœur est surtout remarquable par sa forme svelte et élancée et par l'élégance et la justesse de ses proportions. Il est couronné

---

[1] Vues de l'église des dominicains d'Anvers, dans le *Brabantia sacra*, le *Théâtre sacré du Brabant* et le *Belgium Dominicanum.*

[2] Henaux, *Descript. de Liége*, pag. 90. *Délices du pays de Liége*, tom. I. Nous pensons que l'année 1542 est la date de l'achèvement de l'église de St-Martin, et que la reconstruction de cet édifice doit avoir été commencée dans la seconde moitié du XVe siècle.

d'une balustrade ornée de quatrefeuilles encadrées, et renforcé par des contreforts. L'église de St-Martin n'a qu'une entrée latérale; à la place où devait se trouver le grand portail s'élève une tour carrée couverte d'un toit pyramidal et surbaissé, bordé de balustrades [1].

TOUR DE L'ÉGLISE D'HOOGSTRAETEN.

L'*église paroissiale d'Hoogstraeten*, province d'Anvers, déjà remarquable par les magnifiques tombeaux des seigneurs de ce lieu, fut embellie, en 1544, d'une haute tour en briques construite dans le plus beau style flamboyant. Cette belle tour, bâtie par ordre d'Antoine de Lalain, premier comte d'Hoogstraeten, fut terminée en 1546.

ABBAYE DE WAUSORS.

L'*abbaye de Wausors* ou *Waulsor*, dans la province de Namur, fut décorée, en 1551, d'un très-beau cloître carré de 100 pas de diamètre, entouré d'une galerie à arcs surbaissés, et d'une magnifique salle chapitrale éclairée par de grandes fenêtres à vitraux peints et soutenue par des colonnes en faisceau qui avaient à peine trois pieds et demi de diamètre et s'élançaient en gerbes jusqu'à la voûte. L'église, vaisseau à trois nefs de 160 pieds de longueur sur 60 pieds de largeur, se distinguait également par la hardiesse de sa construction. Il ne subsiste plus que des débris de ce monastère.

ÉDIFICE DIT LA TABLE-RONDE A LOUVAIN.

En 1558, les quatre serments et les deux chambres de rhétorique de Louvain firent bâtir, au côté gauche de la grand'place de la ville, un grand et bel édifice destiné à leurs réunions, et auquel on donna le nom chevaleresque de *Table-Ronde*. Ce bâtiment, qui avait à peu près la même longueur et la même élévation que l'hôtel de ville, formait comme ce dernier un trapèze isolé de trois côtés. La façade présentait trois étages de fenêtres. Les fenêtres et les trois portes au rez-de-chaus-

---

[1] Vue de l'église de St-Martin au tom. Ier des *Délices du pays de Liège.*

sée [1] étaient cintrées et encadrées chacune par un arc surbaissé retombant sur des colonnettes engagées. Les fenêtres du second étage étaient aussi cintrées et celles de l'étage supérieur de forme carrée. Des niches avec les statues des saints, patrons des serments et des chambres de rhétorique, remplissaient l'espace qui séparait chaque couple de fenêtres des deux étages inférieurs et garnissaient les angles de cette partie antérieure du bâtiment. Entre chaque croisée du dernier étage se trouvaient des armoiries peintes et dorées. Une balustrade crénelée et découpée à jour, couronnait la façade en régnant le long du toit qui était percé d'un grand nombre de lucarnes. Les côtés latéraux de la table-ronde offraient la même ordonnance que la façade principale, et se terminaient en pignons décorés de pinacles et de tourelles. Cet édifice, qui, par son architecture et sa forme générale, s'harmonisait si bien avec le superbe hôtel de ville de Louvain, fut démoli en 1817. Sur son emplacement on éleva, en 1829, un grand bâtiment d'architecture moderne, destiné à servir de salle de concerts et de cérémonies publiques.

Il ne nous reste plus, pour terminer ce paragraphe, qu'à d'écrire la magnifique abbaye de Lobes, le dernier monument remarquable d'architecture ogivale élevé en Belgique, et en même temps un des plus beaux édifices qui aient été construits pendant les cinq siècles que fleurit ce style.

ABBAYE DE LOBES.

L'abbaye de Lobes ou *Lobbes*, fondée sur les bords de la Sambre, par St-Landelin, au VIIe siècle, devint du vivant même de son fondateur un des monastères les plus opulents de la Belgique par les riches dotations qu'il reçut de Clovis II, roi de France. La première église abbatiale consacrée en 697, fut rebâtie en 837 et achevée au com-

---

[1] Au-dessus de la porte qui occupait le centre de la façade, on voyait un bas-relief représentant le roi Artus et ses paladins assis autour de la fameuse table-ronde qui joue un rôle si important dans les romans de chevalerie.

mencement du siècle suivant. Cet édifice, dont Folcuin, abbé de Lobbes au Xe siècle et auteur d'une chronique de ce monastère, vante la magnificence [1], fut brûlé en 954 par les Hongrois que Conrad, duc de Franconie et de Lorraine, avait appelés contre Regnier, comte de Hainaut [2]. Réédifiée après la retraite de ces barbares, et embellie successivement, l'église de Lobbes devint, en 1541, la proie d'un second incendie qui consuma tous les bâtiments de l'abbaye et sa magnifique bibliothèque, dont l'origine remontait au Xe siècle. L'abbé Chappron fit alors jeter les fondements des cloîtres et de l'église qui ont subsisté jusqu'aux derniers temps. L'église, commencée en 1568, et terminée en 1576, était d'une hardiesse de construction étonnante. Elle présentait un vaisseau sans transepts, long de 200 pieds et large de 80. L'intérieur était partagé en trois nefs de hauteur égale, supportées par deux rangs de colonnes à nervures réunies en faisceau, qui s'élançaient d'un jet jusqu'aux voûtes de l'église élevées de 90 pieds, construites en anse de panier et ornées de compartiments prismatiques. La hauteur et la ténuité de ces colonnes étaient telles que l'archiduc Albert, entrant pour la première fois dans l'église de Lobbes, s'écria stupéfait « ce temple sera le tombeau des moines » (*hoc templum erit sepulcrum monachorum*). Un seul rang de longues fenêtres à cintres surbaissés éclairait les nefs et le chœur, qui étaient soutenus extérieurement par de grands contreforts ayant la forme de tourelles cylindriques. A gauche du chœur, s'élevait une tour carrée en pierre, couronnée d'une flèche pyramidale en bois et à quatre pans. Les bâtiments claustraux étaient construits avec non moins de magnificence que l'église. Le cloître consistait en un préau carré de 140 pieds de diamètre, bordé d'une galerie en arcades ogivales et qui, par sa largeur et l'élévation de sa voûte, ressemblait aux nefs d'une église [3]. Le centre du préau était décoré d'une belle fontaine représentant Moïse qui faisait jaillir l'eau d'un rocher. On re-

---

[1] Folcuinus, *de Gestis abbat. Lobiens.*, c. 18.

[2] *Idem*, c. 26.

[3] De Feller, *Itinéraire*, tom. II, pag. 488.

marquait aussi la salle du chapitre, portée sur des colonnes, et l'un des deux réfectoires, orné de deux jolis fontaines et dont la large voûte reposait sur trois colonnes de marbre couvertes d'arabesques d'un très-beau travail.

L'abbaye de Lobbes, qui avait échappé au génie destructeur des iconoclastes du XVIe siècle, succomba sous la faux révolutionnaire de 1793. Pendant la retraite de l'armée française, au mois de mars de cette année, la division de l'armée de Sambre et Meuse commandée par le général Charbonnier, mit le feu à l'église et aux autres bâtiments de l'abbaye, qui furent totalement détruits, à l'exception des vastes communs construits au siècle dernier et convertis aujourd'hui en deux corps de ferme [1].

A l'époque de la reconstruction de l'abbaye de Lobbes, l'architecture gréco-romaine prédominait déjà complétement dans la majeure partie de la Belgique, comme l'attestent l'hôtel de ville et la maison anséatique à Anvers, l'ancien hôtel du cardinal de Granvelle (aujourd'hui cour d'assises) à Bruxelles, etc., etc. Mais dans les deux Flandres, et notamment dans les campagnes de ces provinces, on continua à bâtir, pendant le reste du XVIe et une partie du XVIIe siècle, un grand nombre d'églises et de tours de style ogival, telles que la chapelle du Saint-Sacrement dans l'église de St-Martin à Ypres, la tour du palais de justice (ancienne châtellenie) à Furnes, qui porte le millésime de 1628, l'église des Capucins et le cloître de l'abbaye de St-Pierre à Gand, qui datent, la première de 1632 et le second de 1636, et plusieurs autres édifices, mais dont aucun ne nous a paru assez important pour être l'objet d'une mention spéciale.

—

La description de plus de cent vingt monuments que nous avons donnée dans ce paragraphe, non-seulement confirme ce que nous

[1] Vues de l'abbaye de Lobbes au tom. II des *Dél. du pays de Liége* et au tom. II des *Dél. des Pays-Bas.* — Notice sur l'abbaye de Lobbes dans le *Mess. des scienc. et des arts*, 2e sér., III, 383.

avons avancé au commencement de notre mémoire, que la Belgique est un des pays de l'Europe où l'architecture à ogives a fleuri le plus anciennement, et s'est maintenue le plus tard, mais cette longue nomenclature de monuments, les uns plus remarquables que les autres, prouve encore d'une manière incontestable qu'il n'est aucune contrée de l'Europe où cet art ait atteint un plus haut degré de perfection et de splendeur, et qu'il n'existe guère dans cette partie du monde un pays de l'étendue de la Belgique qui possède un nombre aussi considérable de grands édifices de style ogival. Cependant nous sommes loin, sans doute, d'avoir épuisé la liste de toutes les constructions gothiques de quelqu'importance élevées dans ce royaume pendant l'espace de huit siècles. Nous aurions pu, suivant toute probabilité, grossir cette liste de la description d'une centaine d'autres monuments, si nous possédions des renseignements sur tous ceux qui ont disparu pendant les guerres du XVIe siècle, à l'époque de la révolution française ou antérieurement.

Nous terminerons ici ce mémoire. Nous n'avons point la prétention d'avoir fait une histoire complète de l'architecture ogivale en Belgique, tâche que n'imposait point le programme de l'académie, et qui d'ailleurs, n'aurait pu être remplie dans le court espace de temps fixé pour la solution de la question proposée. Ce travail ne doit donc être considéré que comme un simple essai sur une branche des études archéologiques encore peu cultivée chez nous, et comme un fragment, une ébauche partielle d'une histoire générale de l'architecture en Belgique, que nous ne désespérons pas de pouvoir publier un jour.

Remarque. — Pendant l'impression, l'auteur a ajouté à son mémoire des développements dont plusieurs ont été nécessités par suite de nouvelles excursions faites dans la vue de compléter la description de nos anciens monuments.

Le secrétaire perpétuel de l'académie,
A. QUETELET.

FIN.

TABLEAU SYSTÉMATIQUE

DES PRINCIPAUX ÉDIFICES D'ARCHITECTURE OGIVALE ÉLEVÉS EN BELGIQUE DEPUIS LE Xme JUSQU'AU XVIme SIÈCLE ET DÉCRITS DANS CE MÉMOIRE.

DATE DE LA CONSTRUCTION.	ÉDIFICES.
	Édifices en style de transition.
Xe siècle.	Portails latéraux de la cathédrale de Tournai.
965	Transepts et chœur de l'église de St-Vincent, à Soignies.
979	Église de Ste-Croix, à Liége (l'ancienne abside).
X^e ou XIe siècle. . . .	Églises de St-Pierre, St-Quentin, St-Piat, St-Brice, St-Jacques et tour de St-Jean, à Tournai.
955 — XIIe siècle . . .	Abbaye de St-Bavon, à Gand.
XIe siècle	Cloître du chapitre de Nivelles.
—	Tours de la cathédrale de Tournai.
—	Porche de St-Servais, à Maestricht.
1075	Portail et tour de St-Pierre, à Ypres.
XIe siècle	Chœur de St-Donat, à Bruges.
X^e ou XIe siècle. . . .	Église de St-Martin, à Saint-Trond.
1122 — 1144	Tours et portail de l'église de l'abbaye d'Afflighem.
112.....	Portails de St-Nicolas et de St-Jacques, à Gand..
1127	Église de St-Sauveur, à Bruges.
1150	Chœur et transepts de Notre-Dame de la Chapelle, à Bruxelles.
1131	Église de St-Jean-au-Marais, dans la même ville.
1221	Chœur de St-Martin, à Ypres.
1226	Chevet du chœur de Ste-Gudule, à Bruxelles.
1230 — 1297	Tour de Notre-Dame, à Bruges.
1235 — 1239	Église de Pamele, à Audenaerde.
XIIIe siècle	Tours et portail de St-Léonard, à Léau.
—	Chœur de l'église de Ste-Walburge, à Audenaerde.

DATE. DE LA CONSTRUCTION.	ÉDIFICES.
	Édifices de style ogival primaire.
1059 — 1066	Ancien porche de l'église de Notre-Dame, à Huy.
XIe siècle	Églises de la Madelaine et de St-Jean (excepté la tour), à Tournai.
XIIe siècle. — 1276 . .	Église et réfectoires de l'abbaye de Villers.
1110 — 1242	Chœur et grand portail de la cathédrale de Tournai.
1180 — 1185	Église de Notre-Dame, à Bruges.
1122 — 1144	Vaisseau de l'église de l'abbaye d'Afflighem.
112.....	Nefs de l'église de St-Jacques, à Gand.
1185 — 1559	Beffroi de Gand.
1185 — 1240	Église de St-Lambert, à Liége.
1187 (?).	Beffroi de Tournai.
1200	Ancien hôtel de ville d'Alost.
1201 — 1504	Hôtel de ville d'Ypres.
XIIIe siècle	Boucherie et maison des Templiers, à Ypres.
1211	Église de Ste-Croix, à Huy.
12 — 1250.	Église de l'abbaye de Floreffe.
12 — 1262.	Abbaye des Dunes.
XIIIe siècle	Chœur de Ste-Gudule.
1250 — 1576	Église des Dominicains, à Louvain.
1240	Église de Notre-Dame, à Tongres.
1250	Église des Dominicains, à Gand.
1254 — 1266	Nefs et transepts de St-Martin, à Ypres.
1274	Chœur de St-Bavon, à Gand.
1258	Couvent des Cordeliers, à Bruges.
XIIIe siècle	Église de la Vierge, à Dinant.
—	Chœur de l'église de St-Léonard, à Léau.
—	Chœur de Ste-Walburge, à Furnes.
1284 — 1511	Église des Dominicains, à Bruges.
XIIIe siècle	St-Paul, à Liége (en grande partie).

DATE DE LA CONSTRUCTION.	ÉDIFICES.
	Édifices de style ogival secondaire.
1291	Beffroi de Bruges.
1305	Église du grand Béguinage de Louvain.
—	Église du Béguinage de Diest.
1311	Église de Notre-Dame, à Huy.
1317	Halles de Louvain.
1331 — 1337	Église d'Aerschot.
1340	Halles de Malines.
1341 — 1409	Église de la ville de Hal.
1346	Halles de Diest.
1346	Hôtel et chapelle de Dievenvoorde ou de Nassau. à Bruxelles.
1364	Halles de Bruges.
1366 — XVᵉ siècle. . .	Église de Sᵗ-Rombaut, à Malines.
1377	Hôtel de ville de Bruges.
1380 — 1437	Église de Sᵗ-Pierre, à Louvain.
1382	Église de Wervick.
1386	Église des Carmes, à Malines.
1393	Église de Sᵗ-Julien, à Ath.
XIVᵉ siècle	Chapelle des Comtes, à Courtrai.
—	Bâtiment appelé Poorterslogie, à Bruges.
—	Église de l'abbaye d'Alnes.
—	Porche latéral de Notre-Dame du Sablon, à Bruxelles.
—	Église de Notre-Dame du Lac, à Tirlemont.
—	Église de Sᵗᵉ-Croix, à Liége (à l'exception de la tour et de l'ancienne abside). Chœur de l'église de Notre-Dame à Anvers.
XIVᵉ ou XVᵉ siècle . .	Tour de l'église de Sᵗᵉ-Gertrude, à Nivelles.
XIVᵉ et XVᵉ siècle. . .	Nefs, transepts et tours de Sᵗᵉ-Gudule, à Bruxelles.
1400 — 1476	Église de l'abbaye de Sᵗ-Michel, à Anvers.
1401 — 1434	Hôtel de ville de Bruxelles.
1421 — 1483	Nefs et tour de l'église de Notre-Dame de la Chapelle, à Bruxelles.
1424	Nouvelle halle des drapiers, à Gand.
1422 — 1518	Les 3 nefs centrales et la partie inférieure de la tour de N.-D., à Anvers.
1425 — 1557	Église de Sᵗ-Gommaire, à Lierre.

DATE DE LA CONSTRUCTION.	ÉDIFICES.
1434	Grand portail et tour de l'église de St-Martin, à Ypres.
1435	Chapelle de Jérusalem, à Bruges.
1440 — 1443	Hôtel de ville de Mons.
1440 — 1512	Église de St-Michel, à Gand (en partie de style flamboyant).
1441	Tour de l'église de Notre-Dame, à Tongres.
1448 — 1463	Hôtel de ville de Louvain.
1450 (?)	Palais de Philippe-le-Bon, à Bruges.
1450 — 1500	Prieuré de Groenendael, près de Bruxelles.
1456 — 15.	Chartreuse de Scheut, près de Bruxelles.
1457 (?)	Église de St-Sulpice, à Diest.
1460 — 1589	Église de Ste-Waudru, à Mons.
1460	Église de St-Bavon (en partie).
1470	Église d'Anderlecht, près de Bruxelles.
1487	Tour de l'hôtel de ville d'Alost.
XVe siècle.	Nefs et tour de Ste-Walburge, à Audenaerde.
—	Tour et porche de St-Martin, à Courtrai.
—	Halle aux draps, dite Waterhalle, à Bruges.
Fin du XVe siècle. . . .	Nefs de l'église de Notre-Dame, à Malines.
1525 — 1529	Hôtel de ville d'Audenaerde (en partie).

Édifices de style ogival tertiaire.

1440 — 1512	Église de St-Michel, à Gand (en partie).
1491 — 1507	Tour et chœur de l'église de St-Jacques, à Anvers.
Fin du XVe sièc. à 1542.	Église de St-Martin, à Liége.
1495	Église de St-Martin, à Alost.
Fin du XVe siècle . . .	Côté méridional de l'hôtel de ville de Bruxelles.
— . . .	Église de Notre-Dame du Sablon, à Bruxelles.
1500 — 1503	Boucherie d'Anvers.
1500 — 1545	Chœur et transepts de l'église de Notre-Dame, à Malines.
1502	Hôtel de Nassau, à Bruxelles.
1505 — 1514, 1529 . .	Tour de l'abbaye de St-Michel, à Anvers.
1507	Tours de St-Pierre, à Louvain.
1508 — 1540	Palais des princes-évêques, à Liége.

DATE DE LA CONSTRUCTION.	ÉDIFICES.
1509 — 1521	Cour des Bailles, à Bruxelles.
1514 — 1525	Édifice dit Maison du Roi ou *Broodhuys*, à Bruxelles.
1516 — 1580	Église de Ste-Élisabeth, à Mons.
Commenc. du XVIe sièc.	Cloître de la Chartreuse de Louvain.
1re moitié du XVIe sièc.	Partie du chœur, transepts et jubé de St-Gommaire, à Lierre.
—	Tribune de l'ancien hôtel de ville d'Alost.
1518 — 1554	Partie supérieure de la tour de Notre-Dame, à Anvers; coupole, voûtes et seconds bas-côtés de l'église.
1518	Tour de l'église de St-Géry, à Bruxelles.
1519	Galerie du jardin de St-Georges, à Malines.
1515 — 1580	Partie ancienne de l'hôtel de ville de Gand.
1522 — 1558	Église de St-Jacques, à Liége.
—	Église de St-Paul, dans la même ville (en partie).
1525 — 1529	Hôtel de ville d'Audenaerde (en partie).
1525 — 1555	Chapelle de la Cour, à Bruxelles.
1526	Hôtel de ville de Courtrai.
1529	Hôtel du Parlement ou Grand-Conseil, à Malines.
1531	Bourse d'Anvers.
—	Maisons des bateliers, à Gand.
1555	Nefs de l'église de St-Bavon, à Gand.
—	Façade de la chapelle du St-Sang, à Bruges, et vers la même époque l'hôtel du Franc de Bruges.
1533 — 1537	Galerie ou grande salle de la Cour, à Bruxelles.
1534	Chapelle du St-Sacrement des Miracles dans l'église de Ste-Gudule, à Bruxelles, et probablement le porche au transept méridional de l'église.
1535	Prieuré de Rouge-Cloître, près de Bruxelles.
1536	Voûtes et autres parties de l'église de la Vierge, à Huy.
1544	Tour de l'église paroissiale d'Hoogstraeten.
1546	Église des Dominicains, à Anvers.
1551	Cloître de l'abbaye de Wausors.
1555	Édifice appelé la Table-Ronde, à Louvain.
1568 — 1576	Église et abbaye de Lobbes.
XVIe siècle	Stalles de l'église de Ste-Gertrude, à Louvain, et jubé de l'église de Dixmude.

23

ADDITIONS ET CORRECTIONS.

Page 8 , note 2. chapitaux, lisez : *chapiteaux*.

— 12 , ligne 24 , Stugardt, lisez : *Stuttgart*.

— 17 , note , ligne 5 , l'histoire religieuse, lisez : *l'histoire de l'architecture religieuse*.

— — — ligne 7 , en style ogival de la première époque : lisez : *en style ogival tertiaire de la première époque*.

— 25 , ligne 9 , effacer ces mots : *et de Notre-Dame de la Chapelle*.

— — Note. Lorsque nous disons que nous n'avons vu dans aucune église de la Belgique des colonnes annelées , cela doit s'entendre principalement des colonnes groupées en faisceau , car nous avons remarqué ces anneaux à plusieurs colonnettes isolées, par exemple , à l'intérieur du rond point de l'église de Ste-Gudule.

— 28 , ligne 17 , effacer ces mots : *de Notre-Dame du Sablon à Bruxelles ; portail de cette dernière église*.

— 29 , ligne 29 , effacer les mots : *Ste-Gudule à Bruxelles*.

— 52 , ligne 6 , effacer les mots : *Notre-Dame du Sablon à Bruxelles*.

— 56 , ligne 5 , les ogives surrelevées ou en accolade forment aussi un des traits caractéristiques des monuments de style ogival tertiaire , quoiqu'on les observe déjà dans plusieurs édifices de la dernière époque du style ogival secondaire. Voir le *Cours d'antiquités monument..* par M. De Caumont , 4me partie , page 296.

— — Ligne 25 , des arcades des fenêtres , lisez : *des arcades, des fenêtres*.

— 44 , ligne 15 , ce sont là , etc. La grande porte de l'église de Soignies est aussi ogivale , mais elle paraît d'une construction beaucoup plus récente que le reste de l'édifice.

— 52 , ligne 1 , le plan de l'église , etc. Ce n'est pas le plan de l'ancienne église de St-Donat que l'on trouve dans l'ouvrage de M. Rudd , mais celui de l'église ci-devant des jésuites , aujourd'hui paroisse de St-Donat.

— 57 , ligne 12 , l'église de Notre-Dame est longue de 80 mètres et large de 60.

— — Ligne 12 , quatre nefs , lisez : *cinq nefs*.

— 58 , l'église de St-Sauveur à 100 mètres de longueur sur 50 de largeur.

— 61 , ligne 19 , quatre nefs , lisez : *cinq nefs*.

— 62 , la longueur métrique de l'église de Notre-Dame de la Chapelle est de 70 mètres , et sa largeur de 55 mètres aux transepts et de 33 mètres dans les nefs.

— — Dernière ligne , fenêtres rayonnantes et flamboyantes. Les fenêtres des bas-côtes de l'église sont rayonnantes, et celles de la grande nef de style ogival tertiaire.

Page 65, ligne 25, modernisées, lisez : *modernés.*

— 67, ligne 12, à la face intérieure, lisez : *à la face antérieure.*

— 72, ligne 13, d'un calcaire ferrugineux, lisez : *en chiste-psammitique.*

— — Note 2, ligne 4, trésor sarée : lisez : *trésor sacré.*

— — — ligne 7, style roman, lisez : *style de transition.*

— 79, note 5, Foppens et Christyn, etc. Ce ne sont pas les tours jumelles du grand portail qui furent bâties en 1518, mais le clocher en bois placé à l'intersection des transepts.

— 80, ligne 16, plusieurs des fenêtres du chœur sont de style flamboyant, et doivent avoir été refaites à la fin du XVᵉ ou au XVIᵉ siècle.

— — Ligne 25, cintre, lisez : *ceinte.*

— 82, ligne 28, l'église de Sᵗᵉ-Gudule est longue de 110 mètres et large de 55 mètres aux transepts et dans le chœur, y compris les chapelles du Sᵗ-Sacrement et de la Vierge, et de 33 mètres dans les nefs.

— — Note 6, septennaria, lisez : *septenaria.*

— 85, ligne 1, reconstruites, lisez : *reconstruits.*

— 91, la façade de la halle aux draps de Bruges a 50 mètres de longueur, et les côtés latéraux 65 mètres chacun.

— — Ligne 15, à la celle, lisez : *à celles.*

— 94, ligne 12, la grosse tour carrée, etc. Ce sont proprement deux tours, mais qui ne forment qu'une masse.

— 97, ligne 15, le meneau de cette porte, lisez : *le meneau au centre de cette porte.*

— 100, ligne 16, les pinacles, lisez : *les tourelles.*

— 101, ligne 18, pag. 115, ligne 11, de forme rhomboïde, lisez : *de forme elliptique.*

— 102, ligne 18, l'église de Notre-Dame de Hal a 61 mètres de longueur et 25 mètres de largeur. Elle est sans transepts.

— 104, Note 1, lovanensi, lisez : *lovaniensi.*

— 105, l'hôtel de ville de Bruges forme un quadrilataire de 40 mètres de longueur à chaque face.

— 121, le côté antérieur de l'hôtel de ville de Bruxelles a 62 mètres de longueur, le côté latéral gauche 55 mètres, et le côté opposé 45 mètres.

— 125, note 2, M. Voisin s'est trompé, etc. M. Voisin a rectifié cette erreur dans les *Vues principales de la ville de Gand*, où il donne un dessin de la façade de la halle de cette ville.

— 126, ligne 24, l'architecte Appelmans, auquel d'autres documents donnent le nom de Jean Amelius. M. Wauters nous a communiqué, au sujet d'Amelius, la note suivante : « Dans une chronique latine du XVᵉ siècle, j'ai vu qu'un nommé Amand Amelen, maçon et tailleur de pierres (*latomus et lapicida*), avait pris l'habit dans un couvent en 1476, et y mourut en 1495. »

— 129, note 1, il n'existe point, etc. L'encadrement d'une carte de la Belgique, publiée à l'établissement géographique de M. Vandermaelen, présente une vue de l'église de Sᵗᵉ-Gommaire. On y trouve aussi celles de l'église de Sᵗ-Sulpice à Diest et de l'église paroissiale d'Aerschot.

— 154, ligne 5, donné, lisez : *donnée.*

— — note 2, ligne 3, portico, lisez : *porticu.*

— 155, ligne 25, ne présente ni toit, ni portail. Le portail en forme de porche existe, mais la tour n'a été construite que jusqu'à la hauteur du toit.

— 142, ligne 25, les tours, lisez : *les bas côtés.*

— 155, note 3, autem, lisez : *aut in.*

— 163, ligne dernière, arrondies, lisez : *arrondis.*

TABLE DES MATIÈRES.

FIN DE LA TABLE DES MATIÈRES.

SUPPLÉMENT.

(LU A LA SÉANCE DE L'ACADÉMIE DU 9 JANVIER 1841.)

Comme mon Mémoire couronné sur l'architecture ogivale, et particulièrement le second paragraphe, contient beaucoup de termes techniques qui pourraient ne pas être compris de tous les lecteurs, j'avais cru devoir y joindre quelques dessins pour faciliter l'intelligence du texte ; mais n'ayant pu exécuter ce projet avant l'époque fixée pour la remise des mémoires destinés au concours, je prends la liberté de soumettre à l'Académie, en ma qualité de correspondant, et comme un travail spécial, ces dessins, accompagnés d'une explication détaillée [1].

EXPLICATION

DE TROIS PLANCHES RETRAÇANT LES CARACTÈRES ET LES MODIFICATIONS DE L'ARCHITECTURE
OGIVALE, DITE IMPROPREMENT GOTHIQUE, EN BELGIQUE.

Dans les modifications que l'architecture ogivale a subies, en Belgique, depuis le Xe jusqu'au XVIe siècle, j'ai reconnu trois époques ou styles différents, désignés sous les dénominations de style ogival primaire ou à lancettes (y compris le style de transition), de style ogival secondaire ou rayonnant, et de style ogival tertiaire ou flamboyant.

Les trois planches ci-jointes, qui retracent les caractères et les traits principaux de ces

[1] Je me propose de présenter plus tard, comme second supplément à ce travail, le résultat de recherches ultérieures que je compte faire sur le même sujet, et les notes que j'aurai pu recueillir dans le courant de l'année.

24

styles, et la description suivante de chaque figure de ces dessins, suffiront, je l'espère, pour dissiper toutes les obscurités que rencontreraient à la lecture de mon Mémoire sur l'architecture ogivale, les personnes qui n'ont pas fait une étude spéciale de cette branche de l'archéologie.

PLANCHE I.

Style de transition et ogival primaire.

(X⁰ au XIII⁰ siècle.)

J'ai dit dans mon Mémoire sur l'architecture ogivale, que la forme rétrécie et très-allongée des fenêtres en ogive était un des traits distinctifs du style ogival primaire, et que de cette forme, qui donnait à l'ogive une certaine ressemblance avec le fer d'une lance, plusieurs archéologues avaient imposé à ce style la dénomination de *style ogival à lancettes ou lancéolé.*

Les *figures* 1 à 14 de cette planche présentent quatorze variétés de fenêtres lancéolées, les unes simples et privées de toute ornementation; les autres, à doubles ou triples lancettes, décorées de colonnettes, de tores, de rosaces, d'œils-de-bœuf, etc. La lancette n° 1 est de la plus grande simplicité, et telle qu'on la trouve dans beaucoup de monuments fort anciens, à l'église de Soignies, à celle de l'abbaye de Villers, à la tour de l'ancienne église de l'hôpital de S'-Jean-au-Marais, à Bruxelles, etc. A la fenêtre n° 2, les côtés de l'ogive, légèrement évasés, et le sommet en pointe arrondie, constituent ce que l'on appelle en termes d'art *l'arc en fer à cheval.* Les arcs de cet espèce se remarquent principalement dans les édifices de la transition, où l'ogive n'est pas encore complétement dégagée du plein-cintre; nous n'en citerons, pour exemple, que l'église de Notre-Dame de Pamele, à Audenaerde, et la tour de l'église de S'-Jacques, à Gand. La fenêtre n° 5 se voit à l'ancienne abside de l'église de S'ᵗᵉ-Croix, à Liége, et à l'ancien réfectoire de l'hôpital civil, dit de *la Byloke*, à Gand. Les ouvertures nᵒˢ 4 et 5, dont les archivoltes, ornés de cannelures, appelées tores ou boudins, retombent sur des colonnettes cylindriques couronnées de chapiteaux, éclairent, soit isolées, soit accouplées, la plupart des églises de style ogival primaire (voir notre Mémoire). Le n° 6, fenêtre en style de transition, prise du chœur de Notre-Dame de la Chapelle, à Bruxelles, offre deux lancettes géminées, surmontées d'une rosace et encadrées dans un arc plein-cintre dont les archivoltes cannelées reposent sur plusieurs colonnettes cylindriques. Le n° 7 figure une fenêtre de l'ancien réfectoire de l'hôpital de la Byloke, à Gand, formée d'une ogive maîtresse, embrassant deux lancettes géminées et trilobées, couronnées d'un quatrefeuille encadré. La fenêtre n° 8 est semblable à la précédente, à l'exception que les archivoltes des trois ogives s'y appuyent sur des colonnettes cylindriques avec chapiteaux, et que le quatrefeuille à l'extrados des deux lancettes géminées de la première fenêtre y est remplacé par une rosace. Le n° 9 présente une fenêtre ogivale trilobée, dont les angles rentrants reposent sur des colonnettes cylindriques. Une pareille fenêtre, ou arcade bouchée, décore la face antérieure de la tour de St-Jacques, à Tournay. Les ouvertures de cette espèce sont beaucoup plus rares que celle dessinée au numéro suivant. Cette dernière fenêtre, composée de trois lancettes à pointe émoussée et dont la lancette centrale est beaucoup plus élevée que les ogives latérales, est très-commune dans les monuments de la transition ; nous l'avons observée entre autres aux églises de St-Martin, à Ypres, et de Notre-Dame de Pamele, à Audenaerde. Des arcades de la même forme décorent le portail de l'église de St-Quentin, à Tournay, et ornaient jadis les faces intérieures de l'église de St-Pierre, aujourd'hui démolie, dans la même ville. Les fenêtres à triples ogives ou en tiers-point du n° 11 se voient aussi fréquemment aux édifices de style ogival primaire, entre autres au portail de l'église de Pamele, à Audenaerde, et aux transepts de celle de la Madelaine, à Tournay. A cette dernière église, les trois lancettes sont encadrées d'un arc plein-cintre simulé, et l'ogive centrale est surmontée d'une ouverture en œil-de-bœuf.

La *figure* n° 12 reproduit une fenêtre de l'ancienne chapelle de la Byloke, à Gand, laquelle, par sa forme et son ornementation, se rapproche déjà des fenêtres de la première époque du style ogival secondaire.

La fenêtre n° 14, à triples lancettes, de hauteur égale et surmontées de trois œils-de-bœuf, le tout compris sous une ogive maîtresse simulée, est celle du grand portail de la cathédrale de Tournay.

Les *figures* 15 et 16 offrent deux roses de style ogival primaire ; la première, d'un dessin plus simple que la seconde, est d'une époque plus ancienne que cette dernière [1].

Fig. 17-21, portes et porches d'églises de style ogival primaire. L'arc ogival, n° 17, retrace la forme générale de l'ancien portail de l'église de Notre-Dame, à Huy, construit vers 1065 ; le n° 19, celle du portail latéral de l'église primaire de Dinant, et le n° 21, celle d'un des portails latéraux de la cathédrale de Tournay. Le n° 20 figure le portail de l'ancienne chapelle de l'hôpital de la Byloke, à Gand.

Fig. 22. Tour carrée à plusieurs rangs superposés de fenêtres lancéolées en ogive arrondie et couverte d'un toit surbaissé à quatre pans, telle que la tour de l'église de St-Piat et une des cinq tours de la cathédrale de Tournay.

Fig. 23. Tour carrée, semblable à celle de l'ancienne église de St-Jean, à Bruxelles, dans sa forme primitive.

Fig. 24. Tour carrée, percée sur chaque face de deux lancettes géminées et surmontée d'une flèche octogone en bois, flanquée à sa base de quatre clochetons octogones. Cette tour appartient aux derniers temps du style ogival primaire.

Fig. 25. Tour octogone de l'église de St-Jacques, à Gand, à deux étages superposés de fenêtres en fer à cheval.

Fig. 26. Tour octogone de l'église de Pamele, à Audenaerde, à un seul rang de fenêtres en fer à cheval et géminées.

Fig. 27. Contrefort de l'église de Pamele. L'emploi de contreforts de cette espèce, peu

---

[1] L'*œil-de-bœuf* est une fenêtre circulaire qui n'est point subdivisée intérieurement par des meneaux ; dans le cas contraire, elle porte le nom de *rose*, et celui de *rosace* lorsqu'elle est réduite à des proportions plus exiguës.

saillants et en forme de gros pilastre, a précédé celui de l'arc-boutant; ils servent généralement de supports aux murs extérieurs des églises romanes et de la transition.

Fig. 28. Arcs-boutants des églises de St-Lambert, à Liége, de St-Donat, à Bruges, et
de l'abbaye de Villers, de la forme la plus simple et la plus ancienne.

Fig. 29. Arc-boutant du chœur de l'église de Ste-Gudule, à Bruxelles, de proportions
plus sveltes et plus élégantes que le précédent, à doubles arcs superposés et dont les
arêtes sont bordées de crochets. Le pilier-butant est couronné d'un pinacle composé de
quatre petites arcatures ogivales.

Fig. 30. Corniche ornée de têtes grotesques ou grimaçantes, telle qu'on la remarque à
l'extérieur du chœur de l'église de Notre-Dame de la Chapelle, à Bruxelles. Ces corniches,
communes dans les constructions romanes et dans celles de la transition du plein-cintre
à l'ogive, se rencontrent rarement aux édifices de style ogival primaire.

Fig. 31-34. Corniches reposant sur une suite de petites arcatures, les unes à plein-
cintre et les autres en ogive. Des corniches semblables décorent les transepts de l'église
de Notre-Dame de la Chapelle, à Bruxelles, et bordent les hauts combles de la nef centrale de l'église de St-Sauveur, à Bruges. Elles ornaient aussi autrefois l'église de St-Donat,
à Bruges, et celle de St-Lambert, à Liége.

Fig. 35 et 36. Corniches à dents de scie. On en voyait jadis aux tours et aux bas-côtés
de l'église de l'abbaye d'Afflighem; mais, en général, les corniches de cette espèce sont
bien moins communes dans les édifices de la Belgique que dans ceux de la France, et
du midi et de l'ouest de l'Allemagne.

Les n° 37, 38, 39 et 40 présentent différents modèles de galeries ou balustrades ser-
vant de couronnement aux gros murs des édifices religieux ou civils; elles sont fort rares
du reste dans nos constructions de style ogival primaire.

Fig. 41. Trèfle à quatre pétales entouré d'une bordure circulaire et portant la dénomination de *quatrefeuille encadré.*

La *fig.* 42 est un trèfle non encadré et à trois pétales. Les quatrefeuilles et les trèfles,
simples ou encadrés, décorent fréquemment les balustrades, les *triforium* et les fenêtres
des monuments de l'ogive primaire, mais ils sont répandus avec beaucoup plus de profusion dans ceux de style ogival secondaire ou tertiaire, dont ils constituent un des principaux sujets d'ornementation.

Fig. 43. Gros pilier carré, commun dans les églises romanes et de la transition, où ils
alternent souvent avec de grosses et courtes colonnes cylindriques. On remarque des
piliers carrés dans un grand nombre des plus anciennes églises de la Belgique, telles que
celles du village de Lobbes, de St-Martin, à Saint-Trond, de Pamele, à Audenaerde, de
St-Vincent, à Soignies, la cathédrale de Tournay, les églises de St-Piat et de St-Brice
dans la même ville, etc. Les colonnes réunies en faisceau, *fig.* 44 et 45, appartiennent à
la même catégorie.

Nous avons dit, dans notre Mémoire, ne pas connaître en Belgique des églises en style
de transition ou ogival primaire, dont les colonnes des nefs, soit isolées, soit groupées,
aient pour couronnement des chapiteaux ornés de têtes grotesques. Nous n'avons observé

ces sortes de chapiteaux qu'à de simples colonnettes, telle que celle figurée au n° 46.

La *fig.* 47 offre la partie supérieure du fût d'une grosse colonne cylindrique muni d'un chapiteau orné de volutes triangulaires, et dont l'extrémité se relève en forme de crochet. Ces chapiteaux sont un des traits principaux qui servent à faire reconnaître les édifices de la transition, et davantage encore ceux du style ogival primaire, où on les retrouve à presque toutes les colonnes, tant isolées que réunies en faisceau.

Fig. 48. Trois colonnettes groupées et annelées, c'est-à-dire, dont les fûts sont entourés d'un anneau en pierre. On remarque des colonnettes de cette espèce à l'intérieur du rond-point du chœur de Ste-Gudule, à Bruxelles.

Les colonnettes réunies en forme de faisceau, *fig.* 49, existent dans la plupart des églises de style ogival primaire : celles qui soutiennent le chœur de la cathédrale de Tournay sont d'une hardiesse et d'une légèreté admirables.

Fig. 50. Galerie formée de petites colonnes cylindriques réunies par des arceaux en ogive. Ces galeries, auxquelles les archéologues anglais ont donné le nom de *triforium*, décorent les murs des nefs centrales, des transepts et des chœurs à l'intérieur des églises principales. Le plus beau triforium que possède aucune église de la Belgique, est, à notre connaissance, celui qui orne les transepts de l'église de St-Martin, à Ypres. Dans les églises de style ogival primaire les arcades sont ordinairement en ogive trilobée; dans celles de la transition elles sont presque toujours à plein-cintre ou à cintres surbaissés. Au n° 51 on a figuré un fragment du triforium du chœur de Ste-Gudule, à Bruxelles.

Fig. 52. Voûte ogivale et à nervures croisées, d'un emploi général dans les églises de style ogival primaire. Dans celles de la transition les voûtes sont tantôt en tiers-point et tantôt cintrées, avec ou sans nervures. Parfois, il n'y a, comme aux anciennes basiliques, qu'un simple plafond.

PLANCHE II.

Style ogival secondaire.

(XIVe siècle à la seconde moitié du XVe siècle.)

Les fenêtres de style ogival secondaire se distinguent de celles du style précédent par leur élargissement considérable, par leur élévation et par les nombreux meneaux qui les subdivisent verticalement; mais principalement par la multitude d'ornements composés de roses, de rosaces, de quatrefeuilles et de trèfles encadrés qui décorent leur partie supérieure, comprise entre les archivoltes de l'ogive majeure. Nous avons dit que l'abondance et la forme de ces ornements ont fait donner, par beaucoup d'archéologues, à l'architecture ogivale de la seconde époque la dénomination de *style ogival rayonnant*.

La fenêtre n° 1, d'un dessin aussi pur que gracieux, conserve néanmoins, par ses proportions élancées et la simplicité de son plan, des réminiscences des beaux temps du style ogival primaire.

Les fenêtres n°s 2, 3 et 4 présentent, au contraire, surtout les ouvertures 2 et 3, des types du style ogival secondaire le plus riche et le plus élégant. Le n° 5 est une des magnifiques fenêtres, toutes d'un dessin différent, qui éclairent les bas-côtés de l'église de Notre-Dame de la Chapelle, à Bruxelles. La fenêtre n° 4, prise de l'église de Ste-Gudule, est flanquée de deux pinacles et couronnée d'un des gables qui surmontent extérieurement chaque chapelle des nefs collatérales de cette église.

Les n° 5, 6 et 7 sont trois fenêtres de monuments publics d'une destination profane; Le n° 5 présente une des fenêtres de l'hôtel de ville de Bruges, et les n°s 6 et 7 deux croisées de l'hôtel de ville de Bruxelles. Ce n'est guère que vers le milieu du XVe siècle que les fenêtres partagées en croix par des meneaux en pierre sont devenues d'un usage commun en Belgique.

Fig. 8. Rose de style rayonnant, mais un peu plus simple que la belle rose de l'église de Notre-Dame, à Huy, gravée au tome II, planche 82, de l'histoire de l'architecture, par Hope.

Fig. 9. Porte de l'hôtel de ville de Bruxelles, dont les archivoltes sont ornés d'un rang de petits dais superposés les uns aux autres, et le tympan d'un pinacle, bordé de crochets et de panneaux en ogive trilobée.

Fig. 10. Portail à doubles portes.

Fig. 11. Gable du transept méridional de l'église de Notre-Dame du Sablon, à Bruxelles.

Fig. 12. Tour carrée, surmontée d'une flèche octogone, en bois, dont la base est entourée d'une balustrade formée de quatrefeuilles encadrés. Ces balustrades distinguent les tours de style ogival secondaire ou tertiaire des tours de style ogival primaire, qui sont privées de cet ornement.

Fig. 13. Tour de l'église de Ste-Gertrude, à Louvain, à flèche octogone en pierre, découpée à jour et flanquée de quatre pinacles.

Fig. 14. Fragment de tour carrée et surmontée de créneaux, dans le genre des tours jumelles de Ste-Gudule, à Bruxelles.

Fig. 15. Tourelle en encorbellement de la façade de l'hôtel de ville de Bruges.

Fig. 16. Beffroi ou tour de la halle de Bruges.

Fig. 17. Arcades trilobées, simulées et ordinairement à plusieurs rangs superposés. Ces ornements, appliqués sur les murs pour en cacher la nudité, principalement le long des bas-côtés, dans les chapelles, aux portails et aux tours des églises, ainsi qu'aux façades des plus beaux monuments profanes, ont reçu le nom de *panneaux,* à cause de leur analogie et de leur ressemblance avec les panneaux des boiseries; il n'y a pas un seul de nos grands édifices du XIVe et du XVe siècle où cette ornementation ne soit plus ou moins prodiguée.

Les panneaux qui décorent les transepts de l'église de la Vierge, à Huy, surpassent en richesse et en élégance ceux de toutes les autres églises de la Belgique.

Fig. 18. Arcades simulées et trilobées, surmontées d'un fronton triangulaire bordé de crochets. Cet ornement est aussi d'un usage très-commun dans les édifices de style ogival secondaire, particulièrement aux portails et aux tours des églises. Mais deux ornements, d'un emploi plus universel encore à l'extérieur des monuments de cette époque, sont les crochets, *fig.* 19, et les pinacles, *fig.* 21. Ces derniers se divisent en pinacles isolés et en pinacles simulés. Les pinacles isolés servent principalement d'ornement aux balustrades qui couronnent les façades des édifices profanes et les nefs des églises, aux arcsboutants et aux tours. Les pinacles simulés sont appliqués aux portails, aux contreforts, etc. Les volutes recourbées, désignées sous le nom de *crochets*, bordent les arètes des arcs-boutants, les pinacles, les flèches des tourelles et des tours en pierre, les côtés extérieurs des frontons triangulaires et des gables, aux façades et aux transepts des églises. Du reste, l'emploi des crochets, comme on l'a déjà fait observer, ne date pas de l'introduction du style ogival secondaire; cette ornementation a été connue des architectes du XII⁰ et du XIII⁰ siècle, mais ils en usaient plus sobrement que les artistes des XIV⁰ et XV⁰ siècles, qui en prodiguant par trop les ornements, altérèrent la pureté de l'architecture ogivale et contribuèrent à la décadence d'un art si sublime dans ses chefs-d'œuvre du XII⁰ et du XIII⁰ siècle.

Fig. 21. Quatrefeuille à pétales pointus et surrelevés. Ce n'est que dans la seconde moitié du XV⁰ siècle que les trèfles et les quatrefeuilles à lobes arrondis ont pris cette forme, qui appartient proprement au style ogival tertiaire.

Fig. 22 et 25. Feuillages en bas-relief appliqués aux corniches et connus sous le nom de *feuilles entablées*. Ils sont fort communs dans les édifices de la fin du XIII⁰ siècle, et dans ceux du siècle suivant.

Fig. 24 et 25. Balustrades crénelées et découpées à jour des hôtels de ville de Bruges et de Louvain.

Fig. 26. Colonne cylindrique avec chapiteau orné de feuilles de chou, de vigne ou de chardon, qui remplacent, dans les édifices de style ogival secondaire, les volutes en crochet du style précédent.

Fig. 27. Niche de l'hôtel de ville de Bruges.

Fig. 28. Un des traits les plus distinctifs qui marquent la différence du style ogival primaire du style ogival secondaire, c'est le remplacement des colonnettes cylindriques groupées et surmontées de chapiteaux pseudo-corinthiens, ou à chochets, qui divisent les nefs des églises ou flanquent les murs intérieurs des bas-côtés, par des nervures de forme prismatique, réunies en faisceau et s'élançant en partie d'un seul jet jusqu'aux voûtes de l'édifice, où elles se confondent avec les arètes qui croisent la voûte de la nef centrale et celles des bas-côtés, et en partie se bifurquant pour former les voussures des arcades. L'église de St-Pierre, à Louvain, celle de Ste-Waudru, à Mons, l'église de Notre-Dame, à Anvers, et beaucoup d'autres églises de la Belgique, construites au XV⁰ siècle, présentent cette disposition figurée partiellement au n° 28. Nous devons faire observer qu'aux colonnes à nervures réunies en faisceau, la base est toujours de forme octogone, tandis qu'aux colonnes cylindriques, elle est tantôt ronde et tantôt octogone.

Fig. 29. *Triforium* de style ogival secondaire. Les colonnettes cylindriques de l'époque précédente y ont fait place également à des nervures réunies en faisceau, portant des arcades trilobées et bordées à leur partie inférieure d'une balustrade formée de quatrefeuilles ou de trèfles encadrés; parfois ces balustrades couronnent les arcades du triforium au lieu d'en flanquer la base.

PLANCHE III.

Style ogival tertiaire.

(2ᵉ moitié du XVᵉ à la 2ᵉ moitié du XVIᵉ siècle.)

Dans l'architecture ogivale de la troisième et dernière époque, et dont l'origine est due en grande partie au renouvellement des études classiques, et à la réintroduction de l'architecture greco-romaine, l'arc en tiers point se transforme en ogive à côtés très-évasés et à pointe fort émoussée ou surrelevée. Les ornements ne présentent plus les dessins angulaires ou rayonnant des styles ogival primaire et ogival secondaire, mais une profusion de figures contournées, de forme prismatique, en flammes, en cœurs allongés, etc.; de là la dénomination de style flamboyant, adoptée par beaucoup d'archéologues modernes, pour désigner l'architecture ogivale tertiaire. Les fenêtres 1 et 2 et la rose n° 5, donnent une idée parfaite des ornements de cette espèce. La fenêtre n° 2 est prise de la chapelle de la Vierge, dans l'église de Stᵉ-Gudule. Le dessin n° 5 présente une des fenêtres du second étage à l'édifice appelé maison du roi ou *broodhuys* (halle au pain), dans la même ville.

Fig. 5. Porte en ogive surrelevée ou en accolade. Dans plusieurs monuments du XVᵉ siècle, les ogives au lieu de produire une pointe mousse par leur intersection diagonale, se relèvent subitement près du point de jonction et forment une pointe très-aiguë, de manière que l'ogive ressemble à une accolade. Cette forme devient tellement commune dans les constructions de style ogival tertiaire, qu'elle en est pour ainsi dire un des traits caractéristiques.

Fig. 6. Portail dans la cour de l'ancien palais ducal à Bruxelles, brûlé en 1731.

Fig. 7. Fragment de la façade de l'hôtel de ville de Gand, un des types les plus parfaits et les plus magnifiques de l'architecture ogivale tertiaire.

Le poche *fig.* 8, présente trois des caractères essentiels du style ogival tertiaire, les festons qui garnissent les voussures de l'arc, le fronton en accolade qui lui sert de couronnement, et les bouquets en feuillages qui bordent les côtés équilatéraux de ce fronton ou gable.

Fig. 9. Arcade de la cour de l'ancien palais épiscopal de Liége.

Fig. 10. Arcade à plein-centre trilobé de la bourse d'Anvers.

Fig. 11. Porte de la chapelle du Sᵗ-Sang à Bruges.

Fig. 12 et 14. Balustrades flamboyantes. La *fig.* 12 représente la balustrade qui borde le toit de la grande nef de Stᵉ-Gudule. Ses découpures qui ont la forme d'un K donnent lieu de croire que cette balustrade fut construite sous le règne de Charles-Quint, lorsqu'on renouvela une partie des fenêtres du chœur, et qu'on éleva la nouvelle chapelle du Sᵗ-Sacrement des Miracles.

Fig. 13. Triforium de l'église de Notre-Dame du Sablon à Bruxelles.

Fig. 15. Contrefort orné de panneaux, substitué dans la plupart des églises de style ogival tertiaire aux grands arcs-boutants des époques antérieures.

Fig. 16. Voûte ogivale à nervures croisées et ornée de culs-de-lampe et de festons (S¹-Jacques, à Liége, et Notre-Dame, à Huy).

Fig. 17. Voûte de l'église de S¹-Bavon, à Gand, subdivisée par des nervures en compartiments prismatiques.

Fig. 20. Arcade de la nef centrale de l'église de S¹-Jacques, à Liége, ornée de festons, d'arabesques et de médaillons, et surmontée d'une galerie ou triforium composé d'arcatures trilobées et de deux rangs superposés de quatrefeuilles encadrés.

INDICATION DES FIGURES.

PLANCHE I.

STYLE DE TRANSITION ET OGIVAL PRIMAIRE.

PLANCHE II.

STYLE OGIVAL SECONDAIRE.

PLANCHE III.

STYLE OGIVAL TERTIAIRE.

BIBLIOTHEQUE ROYALE BELGIQUE

BIBLIOTHEQUE NATIONALE DE FRANCE

3 7531 03267596 0

www.ingramcontent.com/pod-product-compliance
Lightning Source LLC
Chambersburg PA
CBHW070615100426
42744CB00006B/481